Les Mythes Fondateurs de la Franc-maçonnerie

D1726721

PAROLES RETROUVÉES
Une collection dirigée par Alain-Jacques LACOT

Dans la même collection

• NÉFONTAINE Luc, *Le Symbole*, 2002.

• BARAT Michel, *La Recherche de la vérité*, 2002.

• ÉTIENNE Bruno, *L'Initiation*, 2002.

À paraître

• MAXENCE Jean-Luc, *L'Égrégore
ou la communication des énergies.*

• MAFFESOLI Michel, *Les Voyages.*

Gilbert **DURAND**

Les Mythes Fondateurs de la Franc-maçonnerie

Éditions **DERVY**
204, boulevard Raspail
75014 Paris

© Éditions Dervy, 2002.
ISBN : 2-84454-139-9

CHAPITRE I

De la méthode

> *Dans les grandes Révolutions l'homme vulgaire*
> *ne cherche et ne voit que les causes apparentes*
> *qui les ont préparées et produites; mais le sage porte*
> *sa vue au-delà de cette sphère sensible, il sait qu'il y a*
> *au-dessus de lui une cause intelligente...*
> *qui dans le conseil secret de sa providence,*
> *dispose et dirige les événements pour l'accomplissement*
> *de ses desseins et qui se sert des causes physiques*
> *comme d'aveugles ministres de sa volonté.*
> RITUEL GÉNÉRAL DU GRADE DE MAÎTRE-ÉCOSSAIS
> DE ST ANDRÉ. R.É.R.
> Convent de Wilhetmsbad. 1782.
> (M.S.5922-4, Bibliothèque de la Ville de Lyon)

ÉPISTÉMOLOGIES DU NON

Toute réflexion qui se penche avec une certaine compétence, en notre millénaire commençant, sur l'épistémologie, découvre bien que cette dernière, tout comme la « nostalgie », « n'est plus ce qu'elle était » [...] Depuis l'avènement du *Nouvel Esprit scientifique* [1] né des découvertes fondamentales qui ont bouleversé la physique

---

1. BACHELARD G., *Le Nouvel Esprit scientifique*, Éditions PUF, Paris, 1971.

— cette science pionnière en Occident — avec la discontinuité quantique (Max Planck, 1900 puis Niels Bohr, Nobel 1922) la relativité (Einstein 1905, 1916) il fallut procéder à une déchirante révision des «formes *a priori*» de la connaissance des phénomènes telles qu'elles avaient été établies au XVIIIe siècle par Emmanuel Kant (1781). Un espace euclidien homogène et continu indépendant de ses contenus (objets, *res*, phénomènes, faits, etc.) et indifférent aux déplacements dut être remplacé par une étendue hétérogène, «impliquée» (D. Bohm) par ses contenus et leurs déplacements, donc «non séparable» des qualités constituant sa «compréhension» logique[2]. Quant au temps ce n'est plus les dissymétries d'un passé et d'un présent qui le définissent dans un «ordre des successions»[3] mais une symétrie des déterminations qui fait, comme dans les antiques causalités aris-

—*La Philosophie du non*, Éditions PUF, Paris, 1940.

• LUPASCO S., *Logique et contradiction*, Éditions PUF, Paris, 1947.

• WUNENBURGER J.J., *La Raison contradictoire, sciences et philosophie moderne: la pensée du complexe*, Éditions Albin Michel, Paris, 1990.

• BEIGBEDER M., *Contradiction et nouvel entendement*, Éditions Bordon, Paris, 1972.

2. ESPAGNAT B. d', *À la recherche du réel*, Éditions Gauthier-Villars, 1980.

3. COSTA de BEAUREGARD O., *Le Second Principe de la Science du temps*, Éditions Le Seuil, Paris, 1963.

—«Paradoxe d'Einstein, Podolsky, Rosen», dans *Bulletin Soc. Franc. de Philosophie*, 71e année, n° 1, 1972.

NICOLESCU B., *Nous, la particule et le monde*, Éditions Le Mail, 1985.

totéliciennes, la « finale » et la « formelle » répudiées par Descartes, que « l'avenir » peut être cause du « présent » comme le constatent généticiens et embryologistes[4].

A priori lorsque une réflexion prend pour motif le si complexe sujet humain[5] elle ne peut se satisfaire ni d'un déterminisme historiciste réducteur, ni d'une aléatoire description symptomatique. Donc ni du *post hoc, ergo propter hoc*, calqué directement sur le modèle mécaniste du jeu de quille ou de billard, si cher au P. Malebranche, ne retenant qu'un seul type de causalité, celui du « précédant » sur le « succédant », ni non plus d'une collection aléatoire et indéfinie des qualités de l'objet qu'elle étudie. La « raison classique », étriquée par l'analyse cartésienne n'utilisant que les articulations des parties d'un tout (le « presque tout », écrirait Piaget)[6] ne suffisait déjà pas à un Blaise Pascal constatant que *la* raison ne connaît pas *toutes* les raisons, non plus que de nos jours à Michel Maffesoli écrivant un limpide essai sur *La Raison sensible*[7].

CHEW G.F., « Bootstrap : a scientific ideal », dans *Science*, vol. 161, 1948.

4. GILSON E., *Édition critique du Discours de la méthode*, Éditions Vrin, Paris.

SHELDRAKER R., *Une Nouvelle Science de la vie*, Éditions Le Rocher pour la traduction française, 1985.

5. MORIN E., *La Complexité humaine*, Éditions Flammarion, Paris, 1994.

THOMAS J., « L'Imaginaire gréco-latin et la science contemporaine : la pensée du Complexe », *Euphrosyne* XX, Lisbonne, 1997.

6. PIAGET J., *Introduction à l'épistémologie génétique*, 3 vol., Éditions PUF, 1950.

LE FAIT HUMAIN

C'est que le motif d'une science de l'homme, contrairement à ce qu'affirmait maladroitement Durkheim[8] étudiant les aborigènes d'Australie des hauteurs de sa chaire à la Sorbonne, n'est pas une chose immédiatement « donnée », mais un *factum* — donc nécessitant un « faire » ! — qui exige un agencement heuristique tout autre que ceux des *immédiats* antécédents ou des qualités aléatoirement *données*. Le fait humain ne se résout ni à la relation mécanique de la boule avec la quille, ni à la chaotique description de qualités (des « symptômes » !) indéfinies. La connaissance de l'homme par l'homme, par une cognitivité spécifiquement humaine, et non pas celle d'un chien, d'une mouche ou d'une tique[9], repose à la fois sur une procédure spécifique toute médiate : le symbole[10], et à la fois sur les procédures compréhensives des « comment ». C'est-à-dire sur une démarche sémantique qui vise avant tout le sens, privilégie le signifié plutôt que les signifiants donnés péremptoirement.

---

7. MAFFESOLI M., *Éloge de la raison sensible*, Éditions Grasset, Paris, 1996.

8. DURKEIM E., *Les Règles de la méthode sociologique*, (1884), Éditions Paris, 1927.

• MONNEROT J., *Les Faits sociaux ne sont pas des choses*, Gallimard, Éditions NRF, 1946.

9. UEXKULL J. (von), *Mondes animaux et monde humain*, Éditions Gonthier, Paris, 1956.

10. DURAND G., *L'Imagination symbolique*, (1964), 4e édit., Éditions PUF, 1984.

Une telle approche cognitive se doit donc à la fois de répudier la donnée *a priori* d'une temporalité dissymétrique (où la durée concrète est réduite à un ordre unidimensionnel de successions où inflexiblement un passé se dit la cause de ce qui lui succède), et à la fois de répudier la donnée *a priori* d'un espace homogène, c'est-à-dire vide et amorphe, proposé simplement pour *séparer* des qualités ou des essaims (ou « paquets ») de qualités sans en abstraire un « sens commun », une « forme » commune, « forme causative » ou « chréode », « ideal typus »[11]. Mais à la fois également peut convenir aux praticiens et théoriciens d'une sociologie compréhensive (tels W. Dilthey, 1833-1911 ; E. Cassirer, 1874-1945 ; O. Spengler, 1880-1936 ; M. Scheler, 1874-1920 ; G. Simmel, 1858-1918 ; E. Panofsky, 1892-1968) et leurs prédécesseurs, les taxinomistes des

---

11. Pour ces notions, *voir* :
• WEBER M., *Essai sur la théorie de la science*, pp. 327 à 331, Éditions Plon, Paris, 1965.
• LEDRUT R., *La Forme et le sens dans la société*, Méridiens, Éditions Paris, 1984.
• ROUSSET J., *Forme et signification*, Corti, Éditions Paris, 1962.
• MAFFESOLI M., *La Connaissance ordinaire, précis de sociologie compréhensive*, pp. 20-22, Les Méridiens, Éditions Klincksieck, 1983.
• SIMMEL G., *Sociologie et épistémologie*, pp. 7-78, Préface de J. Freund, Éditions PUF, Paris, 1981.
• SHELDRAKE R., *op. cit.*
• MONNEYRON F., *La Nation aujourd'hui, formes et mythes*, Éditions L'Harmattann 2000.
• TACUSSEL P., *Mythologie des formes sociales*, Éditions Méridiens-Klincksieck, Paris, 1995.

sciences du vivant Carl von Linné (1778) et le Chevalier de Lamarck (1829) inventeurs de la classification binominale. Notre ami, l'ethno-préhistorien André Leroi-Gourhan[13], promulguait une maxime, que nous avons toujours faite nôtre, et qui est véritablement axiomatique : « Si le document échappe trop souvent à l'histoire, il ne peut échapper à la classification ». Ce qui signifie qu'il ne faut privilégier ni les recensements toujours lacunaires, surtout lorsque l'on s'enfonce dans les incertains horizons de la préhistoire (ou simplement du fait de l'amnésie normale qui interdit bien des détails d'une complète remémoration), ni non plus les collations forcément incomplètes, par définition... indéfinies, d'une description naturaliste simplement symptomatique. Une démarche « compréhensive » refuse à la fois le mécanisme unidimensionnel de l'antécédence — et la logique qu'il recèle — et à la fois l'entassement aléatoire des données descriptives ou événementielles. Une enquête compréhensive

---

12. DILTHEY W., *Introduction à l'étude des sciences humaines*, trad. franç., Éditions PUF, Paris, 1942.

•SPENGLER O., *Le Déclin de l'Occident, Esquisse d'une morphologie de l'histoire Universelle*, Ière Partie « Formes et réalités », trad. franç., Gallimard, 1948.

•PANOFSKY E., *La Perspective comme forme symbolique*, trad. franç., Éditions de Minuit, 1975.

— *Architecture gothique et pensée scolastique*.

•CASSIRER E., *Philosophie des formes symboliques*, 3 vol. dont IIe : « La pensée mythique », 1923-1929.

13. LEROI-GOURHAN A., *L'Homme et la matière*, I. « Évolution et technique », p. 18, II. « Évolution et technique Milieu et technique », Éditions Albin Michel, Paris, 1943-1945.

s'ingénie à élucider et à classer des «formes» («ideal typus» wébérien, «kérygmes» herméneutiques ricoeuriens, «dominantes comportementales» betcheréviennes, «résidus» parétiens, «schèmes» piagetiens, «formes symboliques» panofskyennes, «chréodes» ou «formes causatives» des embriologistes, «structures figuratives» et «bassins sémantiques» durandiens, «catastrophes morphogénétiques» de René Thom, etc.) [14].

UTILITÉ RELATIVE DE L'HISTOIRE
ET DE L'ÉRUDITION ENCYCLOPÉDIQUE

Certes l'histoire d'un faire est loin d'être inutile, elle peut souligner par des confluences chronologiques l'apparition — «l'explosion», disait A. Moles [15] — ou la disparition, l'éclipse, en un mot suggérer le «pourquoi» d'un événement, et par là en donner ce que René Thom appelle «l'état civil» («né à... décédé à... le [...]» [16], l'inscription dans des coordonnées spatio-temporelles). Bien des exemples viennent en

---

14. BETCHEREV W. Collectif (avec Oufland J. M., Oukhtomsky A., etc.), *Novoïé Reflexologuii i Fisologuii Nervnoï Systemi*, 2 vol., Leningrad-Mosou, 1925-1926
• PARETO V., *Traité de Sociologie générale*, Éditions Droz, 19
• Cf. BASSOUL R., «Analyse de covariance et méthode des résidus en sociologie», dans *Revue française de Sociologie*, vol. IV, 1960.
• THOM R., *Modèles mathématiques de la morphogenèse*, Union générale d'éditions, coll. «10/18», 1974.
15. MOLES A., *Labyrinthes du vécu*, Éditions Méridiens-Klincksieck, 1982.
16. THOM R., *Modèles mathématiques...*, *op. cit.*

maçonnologie souligner cette utilité auxiliaire de l'histoire : dès la seconde moitié du XVIIIe siècle « l'explosion » prodigieuse tant en Angleterre que sur le continent peut s'expliquer (rechercher un « pourquoi ») par les troubles socio-politiques qui bercent brutalement la Franc-maçonnerie naissante (lutte à mort entre Stuart catholiques et Tudor anglicans ou protestants, avènement révolutionnaire du puritanisme cromwellien, exil des Stuart en France puis à Rome, révocation en France à l'aube du siècle (1685) de l'Édit de Nantes, abolition de la Société de Jésus en 1773, « petite glaciation » et famine qui s'ensuit qui accompagnent la fin du règne de Louis XIV (1715), etc.) De même il n'est pas indifférent de constater que dès l'exil des Stuart rois d'Écosse à St Germain en Laye une Franc-maçonnerie continentale « écossaise » se distingue de la Franc-maçonnerie anglaise représentée par la Grande Loge de Londres. Il est bien utile aussi de constater que l'essor des rits « égyptiens » — Misraïm, Memphis, etc. — inauguré en 1784 par la loge « La Sagesse » à l'orient de Lyon sous les auspices du fameux Cagliostro et où, presque tous les dignitaires du Hier Empire (Maréchaux, Généraux, Préfets, etc.) adhérèrent, coïncide avec une lutte de 15 ans, entre la France et « l'ennemi héréditaire » l'Angleterre, qui s'inaugure par la fameuse campagne d'Égypte (1798-1799).

De même est bien utile pour mettre en ordre et nuancer la très grande complexité du langage maçonnique la constitution d'un Dictionnaire ou d'une Encyclopédie maçonnique tels ceux de Daniel Ligou, de E.A. Waite, d'Alec Mellor[17].

Mais ni l'édifice monumental des Encyclopédies, ni la règle des simultanéités chronologiques de l'histoire autorisant le déterminisme du *post hoc* (c'est-à-dire la loi générale et ne souffrant pas d'exception de la causalité reposant sur une unique antécédence) ne peuvent rendre compte d'un certain ordre porteur du sens qui se dégage du « chaos » — *ordo ab chao*! — des aléas historiques et des dénominations encyclopédiques. La seule clé que procure le tableau des « pourquoi », fort disparates, offerts par une chronologie ou un dictionnaire, réside avant tout dans la distinction et la classification des « comment » que fournit un comparatisme homologique récupérant les « redondances », les « consonances », les « résonances sémantiques ». Cette investigation homologique — que G. Tarde appelait « l'entendement allégorique » et que M. Maffesoli, plus suggestif nomme « l'investigation métaphorique » [18]— permet de découvrir derrière les données anarchiques des descriptions phénoménologiques comme derrière la machinerie rigide des syllogismes, le « genre commun » —

---

17. LIGOU D., *Dictionnaire universel de la Franc-Maçonnerie*, Éditions du Prisme, 1974.
• MELLOR A., *Dictionnaire de la Franc-Maçonnerie et des francs-maçons*, 1971.
• WAITE A.E., *A new Encyclopedia of Freemasonry*, Londres, s. d.
18. MAFFESOLI M., *Éloge de la raison sensible, op. cit.*
— *La Connaissance ordinaire. op. cit.*
• TARDE G., *Les Lois de l'imitation*, 1890.
— *Études de Psychologie sociale*, 1898.
• THOMAS J. (Direction), *Introduction aux méthodologies de l'imaginaire*, Ellipses, 1998.

déjà fort bien aperçu au XVIIIᵉ siècle par Carl
von Linné dans la procédure cognitive des clas-
sifications «binominales» qu'il ne faudrait *surtout pas* confondre avec une quelconque dualité
dia-lectique, mais bien avec une dualitude dialogique [19] qui réunit l'appellation d'un «genre»
et la précise par l'intégration d'une *altérité* spécifique. Dans son *Systema Naturae* (1757) le
savant suédois, par un «fixisme» suffisant totalement à son objectif taxinomique, échappait
entièrement à l'hypothèse transformiste de son
éminent héritier le Chevalier de Lamarck. Hypothèse, hantée par le vieux joachimisme [20], qui
fera fortune au XIXᵉ siècle, dès Condorcet (1792),
avec Darwin, Comte, Hegel et Marx, véritable
ontologisation de l'Histoire. Il n'est pas inutile
de remarquer que ces tentatives binominales,
donc systémiques, du XVIIIᵉ siècle, coïncident
d'une part dès leur aurore avec «l'explosion»
européenne de la Franc-maçonnerie, d'autre part
sont également synchrones avec le dévoilement
d'un «sixième sens», d'un tout autre moyen de
connaissance que l'on va nommer *aesthetica*
(1750) avec Winckelmann (1764) (le créateur
de la notion de «type idéal») et Baumgarten le
promoteur d'une «logique de la connaissance
sensible» en Allemagne, Addison (1712) et Burke
(1756) en Angleterre et à leur suite les célèbres
«Trois de Tübingen» Schelling, Hölderlin et

19. Sur la notion de «dialogue», cf. MORIN E., *La
Méthode*, 3 vol., Éditions Le Seuil, 1977-1980.
20. LUBAC H. de, *La Postérité spirituelle de Joachim de
Flore*, 2 vol., Éditions Lethielleux, Paris, 1978-1980.

Hegel qui font de « l'Esthétique » une partie prenante essentielle de la philosophie cognitive, que *L'Histoire de la philosophie* de l'illustre Émile Bréhier s'ingénia à « oublier » au début de notre siècle.

Certes il est utile, nous le répétons, de « replacer la vie secrète des loges dans leur contexte historique » comme le réclame, avec un peu trop de véhémence, Alec Mellor, mais n'est-il pas plus heuristique de replacer d'abord tout « fait » humain dans son contexte « anthropologique » méta-historique — c'est-à-dire « cognitif » au sens le plus large du mot — passible d'une « compréhension » ? C'est dans l'articulation complexe des « comment » que peuvent se discerner les « pourquoi » de tout *fait* humain. Il est bien peu scientifique de stigmatiser et exclure par un terme frisant l'injure : « absurde », « imposture », « fable », « bobard » (fut-il « bobard templier » !). J'ai même lu sous la plume d'un historien très médiatique « élucubrations » appliquée à l'œuvre monumentale de C.G. Jung : peut-on mépriser à ce point un fait humain qui perdure pendant des siècles et souvent même immémorialement ? C'est la perdurance qui doit alerter la curiosité du chercheur, non la découverte, à la mode péremptoire, d'un éphémère pourquoi. C'est le tenace entêtement que signent bien des redondances, c'est « l'obsession » que signale telle « longue durée » d'un mythe, qui constituent une part de la véracité d'un fait. Oui le vrai est, par son affirmation tenace, *index su*. Combien faut-il être reconnaissant à Fernand Braudel[21] d'avoir ouvert l'histoire à des durées sans histoire, « quasi-immobiles » ! Combien faut-il féliciter Antoine Faivre d'avoir mené à bien l'édition de ce « chef d'œuvre maçonnologique », comme le dit A. Mellor, qu'est l'ouvrage monumental de René Le Forestier[22], rare mariage réussi entre une précise mythanalyse des mythes et légendes en place dans une Franc-maçonnerie quasi-immémoriale, et leurs incarnations historiques pendant deux siècles — le XVIIIe et le XIXe — d'associations maçonniques, souvent aussi éphémères qu'intensives.

Ainsi s'élabore, au sein de la révolution épistémologique recouvrant progressivement depuis un siècle tous les savoirs, au sein de la complexité extrême de la Science de l'Homme dont il faut bien citer les acteurs français essentiels : R. Bastide, E. Morin, G. Gurvitch, A. Moles, G. Balandier, R. Ledrut, M. Maffesoli, P. Sansot, J.-P. Sironneau, G. Bertin, A. Pessin, Martine Xiberras, Daniele Rocha-Pitta, P. Tacussel, I. Penachionni, B. Renard, P. Le Queau, Sylvie Joubert, F. Monneyron, etc. s'érige par toutes ces recherches — très confortées par les démarches plus spécifiquement « littéraires » et esthétiques — un système cognitif « formiste »[23] bien plus pertinent, puisque plus heuristique, que

21. BRAUDEL F., *Le Temps du monde*, t. III, Éditions Armand Colin, 1979.

22. LE FORESTIER R., *La Franc-maçonnerie templière et occultiste*, publiée par A. Faivre, introduction d'Alec Mellor, Éditions Aubier/Nauwelart, Paris/Louvain, 1970.

23. Sur le « formisme », voir M. MAFFESSOLI, *La Connaissance ordinaire*, ch. IV, « Vers un formisme sociologique » et p. 20, Éditions Klincksieck, 1981.

l'unidimensionnalité des « explications » chronologiques de l'histoire ou que l'anomisme incon-
séquent des descriptions symptomatologiques.
Autrement dit selon une profonde constatation
du romancier Thomas Mann (*Joseph et ses frères*)
à une quête du « pourquoi » qui se perd dans
« l'insondable puits du passé » ou *a contrario* se
limite arbitrairement à l'immédiat contact d'une
cause ne tenant compte, comme déterminisme
que de la proximité temporelle d'un antécédent,
il est pertinent de substituer le tissu bigarré,
« tigré », des « comment » qui restitue l'organicité
« systémique » — comme on dit de nos jours —
du motif (ou « sujet ») humain. En un mot, comme
l'écrit excellemment Maffesoli d'en faire « res-
sortir la « forme » formante et non point formelle ».

LA COMPLEXITÉ MAÇONNIQUE

Or une telle méthode, compréhensive plus
qu'explicative, c'est-à-dire faisant passer la réalité du tout avant le particularisme des parties,
syncrétique — sinon holistique — plus qu'ana-
lytique, prenant avant tout, en compte la reliance
métaphorique que manifeste tout symbole et per-
mettant de formuler un sens, convient particu-
lièrement à des « objets » (ou plutôt, dit-on en
l'an 2000 des « champs ») qui appartiennent à des
ensembles homologues de symboles. De plus l'in-
formation sur le champ maçonnique est si pléthorique, tant par sa bibliographie : Daniel Ligou
et ses 140 collaborateurs ne recensent pas moins

• Cf. également R. LEDRUT, *La Forme et le sens dans la
société, op. cit.*

de 900 titres d'ouvrages théoriques ou historiques dans leur *Dictionnaire*, que par la gigan-
tesque somme d'érudition que l'on peut repérer
tant chez Ligou[24] que chez A.E. Waite, Alec
Mellor, Lennhoff et Posner, etc., que le maçonnologue est obligé d'opérer comme le paléontologue : suivre l'indice heuristique de la fréquence
de matériaux homologues entretenant entre eux
une certaine relation sémantique. Le premier
objectif de la recherche est donc de construire
une classification éclairante, sur le modèle de
celle qu'atteint le botaniste, le zoologiste ou le
paléontologue, discernant des «formes» qui définissent genres et espèces, et visant à subsumer
ces formes dans des genres plus extensifs que
l'on nomme en taxinomie biologique «familles».

Nous allons donc tenter une telle colla-
tion dans l'immense univers d'informations
maçonniques afin de repérer certaines «formes»
constantes, très redondantes, des faits qui constituent la «pensée» maçonnique. Or, cette classification qui transcende tant l'anomique
description indéfinie et aléatoire que les ana-
chronismes souvent embrouillés de l'histoire
maçonnique, débouche — prend la «forme»
suprême ! — sur le mythe.

MYTHE ET MYTHODOLOGIE

Comme l'a toujours constaté Claude Lévi-
Strauss[25] le mythe est le genre d'expression ima-

---

24. Ligou D. *op. cit.*, Waite A.E. *op. cit.*, Lennoff
E. et Posner O., *Internationale Freimaurerei Lexicon*, Wien,
1932.

ginaire où se manifeste une « redondance » fondatrice et son mode si spécifique de compréhension du sens qu'impliquent et révèlent ces redondances. D'accord avec moi le littéraire et mythicien Pierre Brunel accepte la définition du mythe comme « système dynamique de symboles, d'archétypes et de schèmes... qui, sous l'impulsion d'un schème, tend à se composer en récit »[26]. Le mythe est donc bien un *discursus* qui n'est pas toujours « littérarisé »[27] et peut-être comme chez les alchimistes un *mutus liber* (un « livre muet ») pouvant utiliser bien des « voix » silencieuses : la picturale — comme l'ont bien montré les œuvres de la Renaissance —, la musicale comme l'expose toute l'histoire de la musique, de Josquin des Prés à Richard Wagner. Or c'est par cette « redondance » fondatrice que se manifeste une vérité qui ne s'établit pas du tout en un péremptoire « pourquoi » extérieur, « étranger ». Bachelard déjà affirmait que c'est par l'enchaînement des images que s'élucide une image. La quête du « comment » ni par description, ni par démonstration, ni par filiation à une antécédence tente de faire apparaître une « structure figura-

---

25. LÉVI-STRAUSS Cl., *Anthropologie structurale*, Éditions Plon, Paris, 1958.
— *La Pensée sauvage*, Éditions Plon, Paris, 1962.
26. DURAND G., *Les Structures anthropologiques de l'Imaginaire, introduction à l'archétypologie générale*, (1960), Éditions Dunod, Paris, 1983.
• BRUNEL P., *Dictionnaire des mythes littéraires*, Éditions Le Rocher, 1988.
27. L'expression est d'André Siganos, *Le Minotaure et ses mythes*, Éditions PUF, 1993.

tive » constitutive de son objet par une répétition persuasive, sorte « d'induction sémantique ».

Mais prenons-y garde ! Chaque redondance n'est nullement une stérile tautologie, un
rabâchage du « même », de l'identique façon qu'en
musique la « variation » ou le « leitmotiv » d'un
thème n'est pas un simple refrain qui n'ajoute
rien à la première donnée sémantique. D'ailleurs
un simple re-dire, une simple répétition implique
dès sa plus plate manifestation que le premier
dire ne suffit pas, qu'il reste ouvert à une « reprise » plus éclairante. La « redondance » en elle-
même, fondatrice du style mythique comme
Lévi-Strauss l'a admirablement montré, constitue par elle-même une riche procédure sémantique totalement différente du simple récit
historique ou du simple discours hypothético-
déductif. La vérité portée par le mythe est radicalement différente de celle des « faits divers » ;
en le domaine maçonnique qui, ici, nous intéresse on pourrait avancer — en mémoire du très
ancien Platon — qu'elle dépasse l'explication
« profane » celle qui se contente d'un blasphé-
matoire « pourquoi » [...] Les méthodes « mytho-
dologiques » repèrent les répétitions, les
métaphores, les jeux synecdotiques, les
confluences morphologiques que met en scène
la dramaturgie (de drama : l'action) — qui souvent est une « tragédie » — racontée par le sermo
mythicus [28].

---

28. DURAND G., *Introduction à la mythodologie, mythes et société*, Éditions Albin Michel, Livre de poche, Paris, 1996.

Nous nous plaisons [29] à considérer le grand Victor Hugo lui-même, comme le fondateur de cette mythanalyse lorsqu'il repère, dans la Préface de son *William Shakespeare* : «une double action (c'est nous qui soulignons) qui traverse le drame (Hamlet) et qui le reflète en petit [...]» Laertes répète le meurtre de Polonius, son père, par Hamlet. Ici dans le drame shakespearien le redoublement est joué directement : la même situation gestuelle et mentale se répète exactement lors des deux meurtres. Mais le plus souvent ce redoublement, cette redondance, est métaphorisé, masqué par une collection de symboles.

C'est donc bien ces redondances révélatrices du sens, figuratives du sens que l'on doit repérer dans l'immense matériau charrié par l'érudition maçonnique. C'est leur fréquence remarquable dans tous les degrés de l'initiation maçonnique, ses lieux, ses décors, ses objets rituels, qu'il nous faut classifier en différentes «familles» mythologiques que nous propose la Franc-maçonnerie. Et nul comportement plus que le maçonnique n'est plus marqué par la redondance : dans toutes les phases du parcours initiatique tout se répète pour «ex-sister» : lumières, marches et pas, tout se re-produit de moment en moment ; la parole même toujours se redit au moins trois fois du Vénérable Maître au 1er puis au 2e Surveillant et remonte de ce dernier au 1er

---

29. DURAND G. et SUN C., *Mythe, thèmes et variations*, Éditions Desclée de Brouwer, Paris, 2000, chap. V, p. 76.

pour re-venir au Vénérable. Et s'il y a des degrés dans l'accès initiatique il y a sans cesse reprise d'un thème, d'un symbole, d'un geste d'un degré à l'autre… Enfin la multiplication des grades qui passe de 3 grades symboliques — les 3 premiers — à 5, 7, 12, 33, 90 grades qui creusent et labourent de plus en plus profondément le champ du comprendre en reprenant souvent les titres de « maître », « d'élu », de « chevalier », de « souverain » […] La Franc-maçonnerie par ses redondances surmultipliées est bien le terrain privilégié où peut se dérouler une mythanalyse !

Il nous est apparu, en fin de notre quête heuristique — et c'est par cette fin de la recherche, qu'il nous faut commencer notre exposé — que les « mythèmes » (les plus petites unités sémantiques constitutives d'un récit mythique) les plus fréquents, les plus « obsédants » — selon le mot de Charles Mauron [30] — s'ordonnent pour constituer quatre grands ensembles mythiques que nous pouvons intituler ainsi :

— Les ruines du Temple et sa reconstruction ;
— La légende d'Hiram et son mythologème ;
— Le souchage chevaleresque ;
— La « Cité Sainte » et le Saint Empire.

Pour préciser nos sources rituelles nous utiliserons chaque fois qu'il y a lieu les abréviations suivantes :

---

30. MAURON Ch., *Des Métaphores obsédantes au mythe personnel*, Corti, Paris, 1963.

S.O.T.   = « Stricte observance templière » ;
R.É.A.A. = « Rit Écossais ancien et accepté » ;
R.É.R.   = « Rit Écossais rectifié » ;
R.M.M.   = « Rit de Memphis/Misraïm » ;
R.F.A.   = « Rit Français ancien ».

Ces « rits », bien qu'il y en eut beaucoup d'autres (52 en tout selon Ragon !) dont la citation accidentelle sans abréviations pourra encore renforcer notre mythanalyse, sont représentatifs des symbolismes où « travaillent » la majorité des ateliers maçonniques.

CHAPITRE II

Le mythe du Temple :
ruines et reconstructions

Le Temple de Jérusalem est le grand type
général de la Franc-maçonnerie qui s'est
renouvelé sous divers noms, sous diverses
formes et à différentes époques…
IIIe *Discours du Député-Maître lors de la*
réception au grade de «Maître Écossais
de St André» (R.É.R.) M.S.5922-4
Bibliothèque de la Ville de Lyon.

[…] Qui ne sait qu'il a été dit par celui qui fut
l'accomplissement de toutes les figures :
il sera tellement détruit qu'il n'y subsistera
pas pierre sur pierre.
Instruction des C.B.C.S. 1784, M.S.5922-4
Bibliothèque de la Ville de Lyon.

TEMPLE ET BASILIQUE

Certes le temple est un objet archétype que l'on trouve dans *toutes* les civilisations humaines : Mexique, Chine, Japon, Égypte, Grèce, etc. il signifie toujours, comme le marque bien l'étymologie grecque de *téménos* (de la racine *tem* évoquant une *coupure*), une *séparation*. En latin templum a la même signification d'«espace réservé, découpé dans le ciel» par le bâton de l'augure. Toutefois ce symbole universel si minutieusement décrit, mesuré, précisé par la Bible (Ex XXV 8-9, XXX 7-8, 1 R VI, VIII, etc., 1 Ch II, III, IV, etc.) est lesté par l'histoire et les légendes afférentes d'une dramaturgie mythique qui inscrit le Temple dans les péripéties de ses destructions : en 586 av. J.-C. par les Babyloniens, puis en 70 définitivement détruit par les armées romaines de l'empereur Titus, alors qu'il avait été reconstruit au retour de la captivité par Zorobabel en 538 (*Esdras*, III, IV, etc.).

Les guildes des constructeurs chrétiens du Moyen Âge[31] — où se forment des confréries

---

31. Avant d'aborder une bibliographie spécifiquement maçonnique, il est indispensable d'établir une hiérarchie entre les chercheurs maçonnologues. Comme dans toute Église il y a au-dessus des fidèles et des simples officiants des Docteurs et des Pères du Temple qu'il faudrait citer dans tous les paragraphes de notre démarche : et en particulier les «Pères» et Docteurs de langue française tel J.-P. Bayard et sa vingtaine de volumes touchant à la maçonnerie telles ces sommes : les deux volumes consacrés au *Symbolisme maçonnique traditionnel* (EDIMAF, Paris, 1974-1975); *La Spiritualité de la Franc-Maçonnerie* (Dangles édit., 1982); tel Paul Naudon, tel Pierre Mariel — un des rares initiés Grand Profès des C.B.C.S. Si leurs noms n'apparaissent pas à chaque «entrée» de nos notes, la présence de leur savoir en constitue à chaque ligne les amorces de «70 fois 7 mille» pistes de réflexion, d'induction synchronique.

• CAZENAVE M., *Encyclopédie des Symboles*, article «temple», p. 669, Éditions Le Livre de Poche.

• DUMAS P., *Jérusalem, le Temple de Salomon*, Éditions Bélisane, Nice, 1983.

• NAUDON P., *Les Origines religieuses et corporatives de la Franc-Maçonnerie*, Dervy, Paris, 1964.

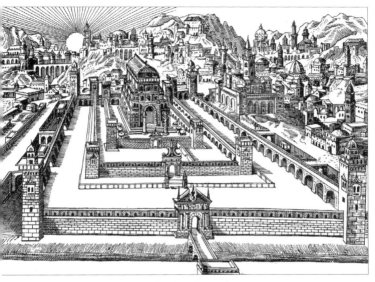

Le Temple de Jérusalem.

de maçons «opératifs» — assument un double héritage : celui de la dramaturgie biblique relative aux constructions et destructions du Temple, et celui de l'image que retiennent les chrétiens de la Croisade. Ces derniers ne trouvant debout à Jérusalem que les ruines du soubassement du temple de Zorobabel, et sur l'esplanade du temple — conquise en 638 (ap. J.-C.) par l'Islam — la vaste mosquée «el Aqsa» et le rutilant Dôme du Rocher — troisième Lieu Saint de l'Islam — qui contient le rocher sur lequel Abraham allait sacrifier son fils, et duquel le Prophète s'élança pour son ascension au Ciel des Cieux (*miraj*). Les Croisés s'installèrent dans ces lieux doublement saints en 1119 et l'image du dôme octogonal figura sur le sceau des Templiers et devint le modèle du

plan de maintes églises [32]. C'est ce second héritage qui importe à la tradition maçonnique. Car
les « temples » maçonniques sont des « lieux réservés » comme tout lieu non profane, mais bien plus
proches dans leurs structures et leurs fonctions
des mosquées, des synagogues et des « basiliques »
chrétiennes empruntées aux Romains, que du
fameux Temple de Salomon, sauf dans de rares
occasions que nous signalerons. Tout temple de
l'Antiquité — juive, grecque, latine — et spécialement de l'Antiquité hébraïque, n'est pas un « lieu
public » de réunions collectives. Ces dernières se
tiennent sur les parvis ; les murs du sanctuaire ne
renferment que des salles hiérarchiquement interdites au public et *a fortiori* au profane. Dans le
Temenos grec ce sont *adyton*, *naos* et *pronaos* qui
correspondent chez les hébreux aux *débir*, *hékal*
et *ulam* enfilade de 3 salles : le vestibule, le saint
où officiaient les prêtres, et le Saint des Saints
où seul pénétrait une fois l'an le Grand Prêtre le
jour de l'Expiation (Lv XVI 1-34 ; 1 R 15-22).
Or, cette hiérarchie des « lieux saints » n'existe que
peu dans les églises — à part la séparation plus
ou moins marquée du « chœur » où accèdent les
religieux profès et des « nefs » où tout le peuple
de Dieu a accès [33] — et les « temples » protestants

---

32. HAUTECOEUR L., *Mystique et Architecture : symbolisme du dôme et de la coupole*, Éditions Picard, Paris,
1953.
• Cf. le très beau volume de Sarah KOCHAS, *Terre
Sainte*, Éditions Gründ, Paris, 1995.
33. HANI J., *La Symbolique du temple chrétien*, Éditions
de la Maisnie, Éditions Guy Trédaniel, 1978.

de la Réforme et de la Contre-Réforme. Et encore !
Dans le chœur octogonal (la «charole») du Couvent de l'Ordre du Christ à Tomar (Portugal) les
Chevaliers étaient autorisés à assister à l'office,
montés à cheval, en cercle autour de l'officiant !

Le temple maçonnique est donc bien un
lieu réservé certes, mais à une collectivité de pratiquants, tout comme une basilique, une mosquée, une synagogue. Mais également il ordonne
en son sein des hiérarchies — n'oublions pas qu'il
est aussi, comme tout temple, figure de la totalité cosmique. À l'Orient siège le Maître de la
loge, les apprentis et les compagnons sont installés sur les côtés (les «colonnes») nord et sud,
les deux surveillants encadrent l'entrée du temple
à l'Occident. Par exemple au 22e (R.É.A.A.) dit
«Chevalier Royal-Hache, Prince du Liban» la loge
comprend «deux appartements», le premier tapissé
de bleu éclairé par 11 lumières («étoiles») se
nomme «Atelier du Mont Liban», le second tendu
de rouge se dit «Conseil de la table-ronde». Nous
allons revenir sous peu sur cette allusion, rare en
maçonnerie, sur ce grade aux évocations bûcheronnes et forestières et dont le bijou est une
«hache d'or couronnée», ne retenons ici que cette
apparition furtive de la hiérarchie des «appartements» du lieu saint telle qu'elle existait dans le
plan salomonien du Temple de Jérusalem.

• Cf. J. TOURNIAC, *Symbolisme maçonnique et Tradition chrétienne*, «Art Royal et Artspirituel» chap. II, «L'Église et les temples d'Israël» p. 166, Éditions Dervy, Paris, 1965.

DU BOIS À LA PIERRE

Dans son éclairant livre « La Franc-maçon-nerie du bois »[34] Jacques Brengues montre bien la tension contradictoire qui règne entre la pierre, matériau majeur du maçon dès les travaux de défense du XIIᵉ siècle et le bois, matériau plus ancien — les fortifications et machines d'attaque romaines étaient en bois — du bûcheron, mais aussi du charpentier (je possède une statue de St Joseph du XVIIIᵉ siècle, patron des charpen-tiers portant l'équerre maçonnique) et, finale-ment du charbonnier (*carbonaro*). D'un côté la stabilité, la « pierre d'angle » (Mt XVI. 18, Jn I. 42) (en araméen *Képhas* signifie « rocher solide ») (Is XXVI. 44 ; XXVIII. 16 ; Ps XCII. 16), à laquelle se compare le Christ — notons-le au passage cette pierre est « rejetée par les hommes ». De l'autre côté le bois qui est mobilité vivante, croissance de l'arbre et de toute plante, arbo-rescence, enfin le végétal, donc le bois suggère toujours une dualitude entre son printemps bour-geonnant et son hiver d'arbre sec [35].

La timide intrusion de « la forêt du Mont Liban » d'où fut tirée la poutraison du Temple qui apparaît avec la hache d'or au 22ᵉ du R.É.A.A. revient d'une façon plus affirmée et explicite au 26ᵉ « Écossais Trinitaire » et au fameux 30ᵉ « Grand Élu, Chevalier Kadosch » sous la forme de l'échelle — n'oublions pas qu'elle est en bois : l'échelle métallique ne date que des dernières décades eif-

---

34. BRENGUES J., *La Franc-maçonnerie du bois*, Beres-niak Éditions, Éditions du Prisme, 1973.

35. HANI J., *op. cit.*, pp. 67 et ss.

feliennes du XIXe siècle ! Certes comme le note bien Naudon [36], ce 26e grade, si contesté quoique « répandu avec succès » (*sic*) fut une intrusion très tardive (1756), toutefois il subsiste bien au rang et place du 26e degré, même s'il fut curieusement confondu avec les Trinitaires, ordre de religieux chrétiens créé en 1181 pour le rachat des captifs et glissa même jusqu'à s'assimiler aux « Pères de la Merci » fondés en 1218, et finalement certains rituels évoqués par Naudon parlent du… Bouddha « Lord of Mercy » ! Mais c'est le symbolisme de l'échelle (de bois !) qui seul nous intéresse ici. À ce 26e degré si confus et contesté, le récipiendaire « Écossais Trinitaire » doit gravir les trois barreaux signifiant les trois vertus théologales chrétiennes : Foi, Espérance, Charité. Au 30e, dit « Saint (*Kadosch* en hébreu) Chevalier » l'échelle de bois est double avec de chaque côté sept échelons représentant de part et d'autre : les sept « arts libéraux » (Astronomie, Musique, Géométrie, Arithmétique, Logique, Rhétorique, Grammaire) et les sept vertus cardinales (Charité, Candeur, Douceur, Probité, Progrès, Patience, Prudence) [37]. Jacques Brengues suggère que dans l'intrusion d'un symbole chrétien majeur dans la Franc-maçonnerie, subsiste un symbolisme xylique : le bois de la Croix. Ajoutons que ce dernier est fréquemment associé à

---

36. NAUDON P., *Histoire et rituels des Hauts Grades maçonniques. Le Rit Ancien et Accepté*, Éditions Dervy, Paris, 1966.

37. TOURNIAC J., *op. cit.*, p. 25 et NAUDON P., *Les Origines…*, *op. cit.*

l'échelle dans les figurations de la Crucifixion et de la Descente de Croix[38]. De beaux exemples en sont donnés tant par Fra Angelico (fresque de San Marco à Florence. XVe siècle) où deux échelles figurent de chaque côté de la croix que par Daniel de Volterra (Trinité des Monts. Rome. XVIe siècle) où quatre échelles cernent la croix du supplice.

Bien plus, l'ancêtre symbolique du temple, la première demeure de l'Éternel est une tente d'étoffe — lin ou chanvre — dressée autour d'un mat, tel qu'il subsiste modestement comme « poteau mitan » dans le vaudou de l'actuelle Haïti, mais aussi tel qu'il est figuré dans de nombreuses cultures (celtique, indoue, bouddhique, etc.) indifféremment tronc d'arbre ou pierre dressée (menhir celtique, frêne germanique, obélisque égyptien)[39]. Cette « tente dressée » des anciens hébreux, ce *tabernaculum* (Ex XV. 2) se redouble pour ainsi dire par l'arche (*arca* : « coffre, malle, caisse ») qu'elle contient qui est en bois. Sont valorisés par la Bible pour la construction, et le bois d'acacia (*Acacia dealbata*, de la famille des « mimosées ») dont le bois servit à confectionner l'arche, la table des « pains de proposition », l'autel des holocaustes prescrit par Moïse (Ex XXXVII. XXXVIII), et le bois de cèdre (du Liban).

---

38. RÉAU L. *Iconographie chrétienne*, t. II « Iconographie de la Bible » 2 « Nouveau Testament », p. 516 « La croix et les échelles », Éditions PUF, Paris, 1957.

39. BOUCHER J., *La Symbolique maçonnique, op. cit.*, p. 168.

• Cf. METRAUX A., *Le Vaudou Haïtien*, Éditions Gallimard, Paris, 1958.

Il n'est pas inutile de noter, dans la symbolique juive et maçonnique si avare en symboles de la féminité, que le coffre en bois et même le tabernacle sont un rappel de l'élément sacré féminin [40]. « L'arbre de vie est incarné par Marie » en chrétienté souligne Cazenave [41] et chacun connaît la fameuse prédication de St Bernard sur Marie considérée comme « tabernacle… non fait de main d'homme ». Ajoutons : ce sont des poutres de cèdre (Ct I. 17) qui construisent la litière du roi Salomon, et le parfum de ce bois embaume les vêtements de la fiancée (Ct III. 9). De plus c'est du Liban que coule « l'eau vive », et la bien aimée est « superbe comme le Liban » (Ct IV. 11-16 ; V. 15[…]), enfin en Franc-maçonnerie le 22e degré (R.É.A.A.) où apparaît curieusement la hache est appelé « Prince du Liban ». N'oublions pas le mystérieux Hiram, fondateur symbolique et paradigmatique de la Franc-maçonnerie « fils d'une *veuve* de la tribu de Nephtali » (I. Rois. VII. 13) (tantôt roi de Tyr, tantôt Hiram-abi, tantôt Adoniram, « le divin architecte » — 2 Ch 12-14 ; 1 R VIII. 27 — chef des corvées qui rapporte du Liban le bois précieux) et dont la tombe est découverte par les maîtres fidèles grâce à la branche d'acacia fleurie qui s'y trouve plantée. Nous constatons qu'un essaim homologique d'images au symbolisme redondant

---

40. BOUCHER J., *La Symbolique maçonnique, op. cit.*, pp. 264-271.
— Cf. DURAND G., *Les structures…, op. cit.*, 1re Partie, chap. 2, « Les symboles de l'intimité ».
41. CAZENAVE M., *op. cit.*, p. 44, article « arbre ».

rassemble : la veuve, la fiancée, le Liban, le bois d'acacia, l'arche, le cèdre, la féminité et le végétal, etc.

Si dans l'histoire légendaire de la Bible la demeure divine prescrite par Moïse utilisa bien plus le bois que la pierre qui n'apparaît que plus tard avec l'immense construction de Salomon, il semble — et Jacques Brengues l'a fort bien montré[42] — qu'il en fut de même dans l'histoire — très légendaire [...] — de la Franc-maçonnerie. L'ancêtre positif du temple maçonnique, comme le remarque l'auteur de *La Franc-maçonnerie du bois* fut cette *Bauhütte*, cette « cabane de planches » (« abri de chantier », dit-on aujourd'hui) où les ouvriers rangent leurs outils et leurs habits, où ils font des pauses, souvent alimentaires, dans leurs travaux. Le souvenir de cette Hütte fut conservé dans l'image fréquente en maçonnerie, des ruches d'antan — petits abris de planches recouverts de paille — accessoirement emblèmes de labeur collectif et de solidarité[43]. Il n'est pas sans intérêt que l'abeille fut très valorisée en cette intense période maçonnique que fut le Hier Empire, car elle figurait sur le blason familial des Bonaparte [...].

VERTUS ET STYLES DE LA PIERRE

Il demeure de plus une trace de cette fragilité éphémère des cabanes d'ouvriers qui apparaissent et disparaissent au gré des chantiers,

---

42. BRENGUES J., *op. cit.*, pp. 135-136 et 143.
43. LIGOU D., *op. cit.*, article « ruche ».

dans l'usage longtemps maintenu dans les ateliers maçonniques — jusqu'à la fin du XVIIIe siècle [...] — des « tapis » de loge simplement tracés à la craie et soigneusement effacés à la clôture des travaux. Au milieu du XVIIIe siècle le « tapis » commence progressivement à se sédentariser, il n'est plus chaque fois dessiné et effacé par le Vénérable Maître, mais peint sur une toile que l'on peut rouler ou dérouler au sol selon la marche des travaux [44]. Et Brengues est dans le vrai en affirmant — s'appuyant sur Plutarque — que tant dans les *collegia* romains que dans les « guildes » médiévales les confréries de charpentiers précédèrent celles de maçons. Souvenons-nous, après tout que Joseph et son divin Fils étaient charpentiers... Il n'en est pas moins vrai que le renversement de cette situation est bien entérinée au cours des siècles « modernes » de la Franc-maçonnerie : dès l'âge des cathédrales et des croisades, les fortifications en Palestine aussi bien que les flèches vertigineuses des églises exigent la pierre pour sa résistance aux assauts guerriers, comme pour l'architecture nouvelle qui va jaillir de l'ogival et de la croisée d'ogive. Progressivement la dignité de la pierre s'impose, surtout dès qu'apparaissent les tentations « d'accepter » dans les ateliers d'autres membres que des « opératifs ». La symbolique du bois est reléguée —» dévoyée» disent certains — dans les obscures forêts avec les bûcherons, les charpen-

---

44. WIRTH O., *La Symbolique hermétique dans ses rapports avec l'Alchimie et la Franc-maçonnerie*, 2e édition, 1931.

tiers, et aussi avec ce métier — si important dans l'industrie européenne lorsque Marco Polo n'avait pas encore raconté l'usage de la houille à Cathay — de noirs charbonniers [45].

Les représentations du Temple de pierre vont foisonner dans ce siècle d'or de la Franc-maçonnerie que fut le XVIIIe siècle. Dès le début du XVIIe siècle, avec le jésuite espagnol le P. Villalpando [46] — ami de l'architecte Herrera se référant au Temple de Jérusalem pour bâtir le fameux Escorial — l'on s'intéresse à l'archéologie du Temple en s'efforçant de tenir compte des mensurations précises et nombreuses contenues dans la Bible. Nous reviendrons dans quelques lignes à cet engouement soudain du siècle d'or de la maçonnerie pour les mensurations, les proportions et les nombres qu'il redécouvre de la Kabbale — fut-elle chrétienne! [47] — du XVIe siècle. Ces curiosités vives, pour proportions et mesures, s'inscrivent dans tout ce courant de sensibilité, issu des découvertes surtout romaines — papes et artistes archéologues comme Jules II, Léon X, Raphaël et Michel-Ange — que nous avons étudiées sous le nom de «romanomanie» [48]. Le savant Père Villalpando s'efforça dans son volumineux commen-

45. BRENGUES J., *op. cit.*, p. 143.

46. DUMAS P., *op. cit.*, p. 74.

47. SECRET B., *Les Kabbalistes chrétiens de la Renaissance*, (1964), Éditions Arma Artis (Paris. et Arché (Milano), 1985.

48. DURAND G., «Notes pour l'étude de la romanomanie: de la ratio studiorum à Napoléon Bonaparte», dans J. Thomas, *Les Imaginaires des Latins*, Presses Universitaires de Perpignan, 1992.

taire d'Ezechiel en 2 volumes illustré de nombreuses planches (*In Ezechielem explanationes*. 1594-
1605) de prouver que les mensurations et
proportions avancées dans la Bible concordent
avec les canons du De Architectura de cet architecte romain du Ier siècle après J.-C. qui fournira
les paradigmes de tout le néo-classicisme européen; Vitruve [49]. De plus, ajoutons qu'en cette fin
du XVIIe siècle le goût est fortement influencé par
les réalisations de la fin du XVIe siècle de l'italien
Andrea di Pietro dit Palladio (*Les Quatre Livres
d'Architecture*, 1570)... Tout le XVIIIe siècle sera
de plus inspiré par les travaux archéologiques du
célèbre Johann Joachim Winkelmann. Ce «réa-
lisme archéologisant» d'où naît la sévère monu-
mentalité du néo-classicisme s'épanouit avec les
grands architectes français du siècle: Boullée,
Ledoux, Lequeu et, après un épisode «d'égyptomanie» [50] sur lequel nous allons revenir, n'ira qu'en
se renforçant avec les archéologues qui commen-
cent à fouiller les sites du Moyen-Orient le Frère
maçon F. de Saulcy, le major Warren qui entre-
prend des fouilles sur les ruines mêmes du Temple
de Jérusalem [51].

De cet attrait de l'esthétique néo-classique
est issue une conception et une représentation
du Temple, fut-il «maçonnique», où se mêlent
à la fois les «reconstitutions» plus ou moins hébraï-

---

49. DUMAS P., *op. cit.*, p. 75.
50. BALTRUSAITIS J., *La Quête d'Isis. Introduction à
l'égyptomanie*, O. Perrin, 1967.
51. «F. de Saulcy et la Terre Sainte», catalogue expo-
sition, Louvre édit., 1982.

santes, l'architecture palladienne, les modèles de l'antiquité romaine, plus la mode nouvelle des représentations «égyptomaniaques» que la campagne d'Égypte de Bonaparte va installer fortement dans l'ornementique française. Aussi les images maçonniques du temple, telles qu'elles figurent au centre des tapis des ateliers d'apprentis et de compagnons — supporté par 3 marches ici (apprenti) et 5 là (compagnon)- sont-elles toujours tributaires d'une architecture très simple et sévère, issue directement du néo-classicisme qui s'impose avec des artistes comme Louis David, Canova, des architectes comme Brongniard, Gabriel ou Soufflot, Robert Adam, continuateurs du style palladien.

Un bel exemple de ces compositions stylistiques nous est donné par un «*capricio*» (ce genre de motif pictural est très répandu au XVIIIᵉ siècle qui consiste à juxtaposer en un même tableau des *vedute* («points de vue») fort disparates, et dans la réalité éloignées les unes des autres) du Frère maçon (de la Respectable Loge «Les amis réunis») Hubert Robert, figurant l'imposant, et paradigmatique pour toute «renaissance» de l'antiquité, fameux Panthéon d'Agrippa (temple païen dédié jadis aux sept divinités planétaires), situé par le peintre sur... le rivage du port de Ripetta, orné curieusement à l'entrée d'un monumental «parvis» des deux colonnes extérieures du Temple de Jérusalem et que tout temple maçonnique emprunte à la description biblique (1 R VII) «colonnes d'airain» fondues par Hiram «le fils de la veuve» réquisitionné par Salomon...

SYMBOLISME GÉNÉSIQUE DES DEUX COLONNES

Arrêtons-nous brièvement sur cette constante du temple maçonnique que sont les deux colonnes flanquant la porte du temple et si minutieusement décrites au I. Livre de Rois (VII. 15-22 ; XXV. 17) et dans le Deuxième Livre des Chroniques (III. 15-17 ; IV. 12-13…). Il semble qu'elles soient indispensables au rituel symbolique et vont jusqu'à n'être que figurées en miniature au *Rit Émulation* sur le plateau de chacun des deux Surveillants. Figures constantes certes, mais aussi constante pomme de discorde dans les interprétations symboliques : pour les uns à gauche, pour les autres à droite du Vénérable Orient. Certes, où qu'elles se placent, elles portent toujours les mêmes noms : Jakin et Boaz — noms dont les traductions et les liens syntaxiques sont aussi sujets à discordes — et nécessitent de se contenter de la plus littérale traduction : *jakin* « qu'il établisse » et *boaz* « dans la force », sans chercher à trancher des contradictions entre R. Guénon, B.Y. Scott ou Dussaud [52]. Inutile de nous engager dans ces querelles sans fin, qui signifient seulement qu'on n'en sait pas grand chose, sinon qu'elles étaient symétriquement à l'extérieur du temple, tout comme les obélisques égyptiens, qu'elles étaient creuses, ce qui est banal de constater sur toute colonne de métal qui n'est jamais massive, sans qu'il soit utile pour légitimer cette banalité de faire appel

---

52. LIGOU D., *op. cit.*, article « colonnes », p. 295.

à une fonction de placard ou de coffre-fort où seraient remisés les outils et la paye des ouvriers !

L'analyse d'Oswald Wirth retenant une symbolisation bisexuelle des colonnes semble la plus pertinente[53]. Le *rouge* et le *blanc* attribués chacun à une colonne soulignent bien ce symbolisme. En hébreu la lettre *iod*, initiale de *iachin* possède une connotation masculine, tandis que le *beth*, initiale de *boaz* figure le réceptacle féminin, telle la lettre qui reçoit la Création et ouvre par le mot *béréchit*, le *ab initio* (voir Jn I. 1), la Genèse et que les bénédictins de Mardessous[54] traduisent par « en vue de l'avenir » et dont Pierre Ponsoye souligne cette connotation en arabe islamique de deux lettres le *alif* vertical et le *bâ* fermé[55]. On peut même trouver une confirmation imagée en sanscrit où le i, dans le nom du dieu Shiva, constitue la permanence de la vie, lorsqu'il en est privé *shva* il n'est plus qu'un cadavre sur lequel danse sa shakti Durga pour le ranimer. Shiva a pour emblème le fameux *linga* phallique[56].

Jules Boucher dans une précieuse note[57] appuie encore cette interprétation en faisant subir aux deux noms des colonnes une inversion lit-

---

53. WIRTH O., *La Franc-maçonnerie rendue intelligible à ses adeptes*, 2ᵉ partie « Le Compagnon », pp. 144, 162, 163.

54. *La Sainte Bible*, Éditions Brépols, Paris, 1969.

55. PONSOYE P., *L'Islam et le Graal*, Éditions Denoël, Paris, 1957.

56. ZIMMER H., *Gesammelte Werke*, 4 vol., Rascher Verlag, Zurich, 1951, vol. 1, « Mythen und Symbole in indischer Kunst und Kultur ».

57. BOUCHER J., *op. cit.*, p. 56, note 1.

térale, coutumière dans bien des savoirs tradi-
tionnels. Ainsi *Jakin* devient... *nikai* le «coït»,
et *boaz* s'inverse en *zaob*: le phallus. Il y a donc
une sérieuse convergence transculturelle, tant en
sanscrit, en hébreu, en arabe pour donner à la
lettre verticale, petite comme le *iod* hébraïque
ou le *i* sanscrit, grande comme l'*alif* arabe, un
symbolisme masculin génésique.

De plus les dites colonnes ont leurs cha-
pitaux («tores» sphériques ou hémisphériques qui
ne supportent rien) enveloppés d'un identique
«treillis»[58] décorés chacun de deux rangées de
grenade — «400 en tout»! — et au sommet de
chaque colonne un ornement figurant la fleur
du lis. Jules Boucher, dans un schéma, montre
bien que le motif du lotus du chapiteau égyptien si commun à Karnak comme à Louxor peut
très bien être remplacé, plastiquement comme
symboliquement, par le lis. Les fleurs de ces
deux végétaux ont une signification commune:
à la fois phallus et emblème de pureté — le lotus
s'épanouit hors et au-dessus de la vase boueuse.
C'est en brandissant un lis que l'archange Gabriel
vient annoncer à la Vierge qu'elle aura un fils...[59]

Insistons encore sur le fait que les deux
énigmatiques colonnes, empruntées aux ornements extérieurs du Temple de Salomon, sont
un élément constant dans le mobilier du temple
maçonnique. Nous possédons là du point de vue
de notre méthode mythanalytique, une constante

---

58. BOUCHER J., *op. cit.*, p. 136.
59. CAZENAVE M., *op. cit.*, articles «lis», «lotus».

significativement redondante, non seulement dans l'appartement concret servant de temple, mais encore sur les « tapis de loge » aux deux premiers grades de la maçonnerie symbolique. La lecture de ces deux « tapis » confirme encore l'interprétation génésique de Wirth et de Boucher[60]. Les deux colonnes figurées accompagnent la symétrie, au sommet du tapis, de la figure du soleil (en Occident astre masculin) du côté de la colonne Jakin, et la lune (astre universellement féminin, parce que menstruel) du côté de la colonne Boaz.

Cette dualitude — on dit de nos jours « systémique », c'est-à-dire exigeant « l'autre » pour élucider « le même », nécessitant deux contraires tenus ensemble : *coïncidentia oppositorum* — se retrouve sous le symbolisme du « pavé mosaïque » soubassement du temple lui-même et figurant sur les « tapis de loge » du 1er et 2e degrés. L'on sait que ce pavement est constitué de carrés blancs et noirs alternés. Or l'initié doit choisir dans les pas accomplis sur ce pavement, non pas la « voie large » du profane qui saute d'un pavé noir à un pavé blanc et vice versa, mais la « voie étroite » de l'initié, plus fine « que le fil du rasoir », sur la bordure des carrés, indifférente au noir et au blanc des surfaces[61]. Certes les traits génésiques de ce décor sont moins précisés que ceux révélés par les colonnes et par les deux luminaires cosmiques, toutefois sur le « tapis de loge »

---

60. BOUCHER J., *op. cit.*, pl. IV p. 130, pl. V p. 245, et Worth O. *op. cit.*, 1re Partie, p. 90, 2e Partie, p. 159.
61. BOUCHER J., *op. cit.*, p. 150.

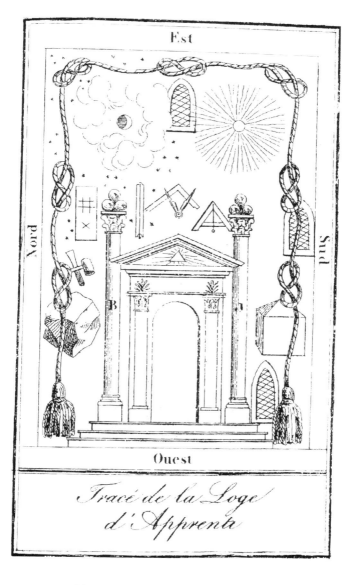

Tableau de loge au grade d'Apprenti.

Tableau de loge au grade de Compagnon.

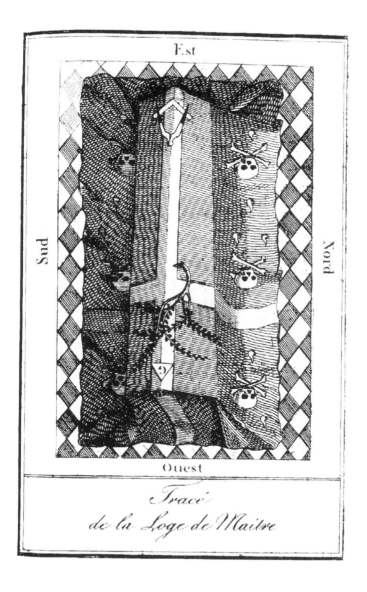

Tableau de loge au grade de Maître.

(apprenti et compagnon) le pavé mosaïque situé à la partie inférieure du tapis et flanqué des deux colonnes, entre soleil et lune, suggère l'accent génésique des deux couleurs contraires : le blanc et le noir, ailleurs le blanc et le rouge.

De plus on retrouve nettement cet accent symbolique dans la «houppe dentelée»[62], corde à nœuds qui cerne les deux tapis de loge aussi bien que la décoration tout entière de l'atelier. Il s'agit très certainement du cordeau d'arpentage des architectes de l'antiquité, dont on a des représentations en Égypte. Mais ce qui est significatif c'est que ce cordeau porte des nœuds, bien spécifiques, dits en héraldique «lacs d'amour». Ils servent d'entourage au blason des veuves qui reprend les armoiries de la jeune fille d'avant son mariage. Il joue le même rôle ornemental et signalétique dans le blason des dignitaires ecclésiastiques (cardinaux, évêques, abbés...) voués au célibat. Ils sont suggestifs, tout comme le nom inversé de la colonne Jakin, *nikai*, de l'accouplement. Comme le suggère inconsciemment J. Boucher[63] : ce «lac d'amour» «consiste à faire un anneau (femelle) et à y introduire l'extrémité (mâle) de la corde», mais le savant maçonnologue s'il voit bien qu'un tel nœud n'est autre que la courbe algébrique dite lemniscate (grec *lemniscos* : ruban) ne tire pas les conséquences de la singularité de cette courbe («la plupart des nœuds sont dans le même cas»

---

62. BOUCHER J., p. 169. Cette expression est impropre souligne Boucher «mais néanmoins consacrée par l'usage».
63. BOUCHER J., *op. cit.*, pp. 172-173.

écrit-il un peu rapidement) : c'est qu'elle est formée de deux boucles égales en forme et en
construction, mais orientées de façon dissem-
blable, contraire. Ce qui est bien l'analogie
(toutes deux égales en forme, opposées par leur
orientation, l'une convexe, l'autre concave) des
deux sexes de l'espèce humaine mâle et femelle.

LES OUTILS

Nous avons été amenés du mythologème
de la construction biblique du Temple, à ses
ornements — Jakin et Boaz — et déjà aux « outils »
du maçon avec le cordeau de l'arpenteur. Mais
tous les autres outils qui figurent aux « tapis » de
loge, tant des apprentis que des compagnons,
attestent bien que le rôle du maçon est une
construction, et dans le cas précis du Temple de
Jérusalem une re-construction. Outre le cordeau
qui encadre le tableau, celui-ci figure 7 ou 8 outils
(avec des variations introduites par J. Boucher)
dont les principaux sont l'équerre et le compas,
deux des trois « Grandes Lumières » de la loge la
troisième étant le Livre de la Loi Sacrée, suivi
du niveau et de la perpendiculaire, la hache plantée dans le « pieu cubique à pointe » et — selon
Boucher — du maillet et du ciseau (au tableau
d'apprenti) remplacés par la règle et le levier au
tapis de compagnon.

À la suite de Wirth, Jules Boucher[64] classe
ces outils — vieilles réminiscences des traits génésiques du symbolisme maçonnique ! — en *actifs*

---

64. BOUCHER J., *op. cit.*, p. 23.

(compas, maillet, perpendiculaire, règle) et *pas-sifs* (équerre, ciseau, niveau, levier) la truelle restant «neutre» (?) et la «planche à tracer» échappant curieusement à cette classification.

Les «deux grandes lumières», *compas* et *équerre* ont une importance symbolique primordiale. De même qu'en Chine l'équerre est l'attribut de l'Auguste Suprême Fu-hsi — le compas étant l'attribut de sa parèdre Nuwa — l'un et l'autre symbolisant le Ciel et la Terre, l'équerre en maçonnerie non seulement figure aux tapis de loge, mais encore constitue le «bijou» du Vénérable Maître (et, avec quelques ajouts, celui des «passés maîtres»). Le bijou est constitué par une équerre aux bras inégaux (l'un porté à droite est plus long que l'autre, dans un rapport de 3 à 4) correspondants aux éléments constructifs du théorème de Pythagore «signe de rectitude et instrument indispensable pour transformer la pierre brute en un hexaèdre parfait : le cube»[65]. D'ailleurs l'un des premiers gestes demandés au candidat apprenti est de «dégrossir» avec le maillet, «la pierre brute». Le simple carré, face du cube, est lui-même constitué de quatre équerres angles sortants ; la croix elle-même peut être considérée soit comme formée de deux équerres jointes par leur sommet angulaire de 90°, soit par la «gammadia» figure formée par quatre équerres jointes par leurs quatre angles rentrants.

Ajoutons à ces dignités d'une telle figure les spéculations qui hantent la mystérieuse lettre

---

65. BOUCHER J., *op. cit.*, pp. 157-159.

G, centre de «l'étoile flamboyante»[66] révélée par l'initiation au degré de compagnon, et qui ne serait autre que la lettre *gamma* grecque (en forme d'équerre). De plus l'étoile flamboyante, penta-gramme étoilé, est dessinée par la position rituélique du compas ouvert à 45° sur l'équerre qui elle mesure 90° d'angle. Notons bien que cette révélation au compagnon d'un pentagramme étoilé contenant la lettre G sera remplacée dès l'entrée du Maître dans les Grades intérieurs par un bijou, contenant l'initiale d'Hiram H, étoilé à six pointes. Nous avons constaté au verso des stèles tombales du cimetière Templier du Couvent de Tomar (Portugal) de très nombreux pentagrammes. Le chiffre 5 qui l'inspire est le «nombre de l'Homme» comme en témoignent de nombreux dessins de la Renaissance (Vinci). Il recèle en son centre la lettre G. qui a fait couler tant d'encre, et qui peut, certes, signifier à la fois *God* et à la fois *géo-métrie*... L'étoile à six branches, formée de deux triangles inversés, contient quant à elle H, initiale d'Hiram et d'Homme... Le symbolisme de ces deux étoiles est bien inverse : l'homme penta-gramme contient Dieu ou l'Intellect Suprême la géométrie, tandis que l'hexagramme étoilé («le bouclier de David») image de la Dualitude divine, contient en son centre le «H», l'Homme... dont le tout humain Hiram est l'exemple.

Le *compas* est intimement enlacé à l'équerre dans l'imaginaire maçonnique. Cet enlacement

---

66. Ribaucourt E., *de La lettre G*, 1907 (sans mention éditrice).

peut se faire de trois façons différentes qui signalent le degré auquel est ouverte la cérémonie maçonnique, selon que le compas est *sur* ou bien *sous* l'équerre, ou encore si une seule branche de l'un chevauche une seule branche de l'autre. Puisque l'équerre symbolise la fixité, la passivité de la matière : au 1er degré (apprenti) l'équerre domine le compas, la matière domine l'esprit, au 2e degré (compagnon) les deux forces s'équilibrent, au 3e l'esprit survole la matière (Maître). Le symbolisme tient également compte des degrés variables d'ouverture des bras du compas spécialement dans les bijoux des Hauts Grades (R.É.A.A.) : 5e degré, 14e et 18e degrés, 29e degré, ouvert à 90° le compas devient « équerre juste ». Ajoutons, comme nous l'avons déjà dit, que l'association rituélique de l'équerre et du compas contient l'image du pentagramme étoilé dessiné par la figure virtuelle joignant les trois points du compas aux trois extrémités de l'équerre…

Au symbolisme de deux des « trois lumières » de la loge, équerre et compas, peut être immédiatement joint le symbolisme du *maillet* de bois dur — généralement de buis — ou d'ivoire (plus ou moins disjoint du « ciseau » de tailleur de pierre) parce qu'il est porté et manié par le Vénérable Maître et par les Surveillants — les deux autres officiers qui dirigent en second la loge. Non seulement cet outil, joint au ciseau, est le premier geste du constructeur — ou du reconstructeur — du « maçon », mais encore par son battement il affirme le pouvoir de décision et souligne les promulgations de l'autorité maçonnique.

L'assimilation des outils à ceux du constructeur se précise encore si l'on considère les « bijoux » des deux surveillants : celui à l'image du « *niveau* » de maçon attribué au 1ᵉʳ Surveillant et formé d'une équerre « juste » (de 90°) à l'angle de laquelle est suspendu un fil à plomb et qui permet de vérifier la régularité plane d'une surface, tandis qu'au 2ᵉ Surveillant est attribué la « *perpendiculaire* » constituée d'un arceau élevé auquel est suspendu le fil à plomb, mais ici pour vérifier la bonne verticalité d'un mur. Il reste encore dans le tableau de la loge à placer deux outils qui n'apparaissent, selon Boucher, qu'au grade de Compagnon : la *règle* et le *levier*, auxquels s'ajoute dans le R.F. lors du 5ᵉ voyage du futur compagnon, la *truelle*, qui peuvent être attribués comme bijoux aux officiers *orateur* et *secrétaire*. Quant à la *truelle*, outil du maçon opératif par excellence, elle est presqu'un idéogramme du travail de l'ouvrier, en parallèle avec l'épée, symbole chevaleresque de la défense sinon de la vengeance.

Enfin retenons comme symbole au tapis, la « *planche tracée* » quoiqu'elle soit un peu la parente pauvre des autres outils[67]. Elle figure rarement sur les tabliers brodés — tel, celui

---

67. LIGOU D., *op. cit.*, article «planche à tracer», «La Franc-maçonnerie française n'a pas tellement développé ce symbolisme» contrairement au Rit «Émulation qui l'assimile au Livre de la Loi Sacrée».
• Cf. La collection de vingt-deux jetons de loges dans J.-P. BAYARD, *La Spiritualité de la Franc-maçonnerie*, Éditions Dangles, 1982, p. 368 et ss.

célèbre d'Helvetius — les «médailles» (jetons) de loge, Jules Boucher ne la mentionne même pas en tant qu'outil. Disons simplement qu'elle rappelle le privilège du Maître de Loge qui trace un plan — «trace la planche» — des travaux en un langage occulte très peu utilisé.

LES RUINES DU TEMPLE

Mais l'architecture de ce temple, ses décors, ses outils opératifs, ne sont pas donnés tels quels, même détaillés au 4e degré du R.É.R., ils sont intégrés dans une constante dramaturgie : celle du temple deux fois détruit et maintenant en ruines. Le maçon opératif «construit», le maçon spéculatif «accepté» re-construit un édifice maintes fois profané, aboli, détruit… Le Temple n'est plus, il faut le reconstruire. Et là le modèle biblique proposé par la légendaire histoire du peuple hébreu est essentiel. La merveille du Temple magnifique construit par Salomon et semblant arrêter une bonne fois pour toutes les pérégrinations périlleuses du peuple errant entre l'Égypte du Pharaon et la terre promise à Moïse est réduit en cendres. Une première fois la catastrophe survient en 586 avant J.-C., avec l'invasion des Chaldéens de Nabuchodonosor, sans laisser de vestiges, sans laisser d'autres traces que les fameuses descriptions bibliques (1 R VI. 2 ; 1 R VIII. 12 ; 2 Ch VI. 1…), reconstruit après le retour de captivité en 538 avant J.-C. grâce à la mansuétude de Cyrus, par Zorobabel, il est définitivement détruit en 70 p. J.-C. par l'envahisseur romain et ses objets de culte transportés à Rome, comme en témoignent les bas-reliefs

Le Temple détruit.

qui ornent à Rome l'arc de triomphe de Titus[68].

L'évocation symbolique du Temple est donc d'abord une réminiscence de ruines, de catastrophes, de déportations comme en témoigne

---

68. DUMAS P. *op. cit.*, p. 54.

la piété juive actuelle recueillie près du «mur des lamentations», vestige des soubassements du Temple de Zorobabel. Enfin il nous faut signaler les «redondances» constantes des apparitions du Temple, certes dans les deux premiers grades où le maçon est mis en présence de l'*imago templi* et détaille les outils qui servent à la construction, mais encore dans les échelons supérieurs de l'ordre. Nous le disions — avec Cl. Lévi-Strauss — tout mythe se signale par les récurrences persistantes de ses thèmes, ou pour parler comme Ch. Mauron, nous pourrions dire que «l'obsession» même d'une image est la marque d'un processus mythogénique.

Un bel exemple de cette récurrence nous est donné dans le R.É.R. à son original 4e grade, dont l'ensemble est constitutif de la «Loge Écossaise», et qui sert de jonction entre les trois grades «bleus» symboliques et les hauts grades («intérieurs»). Il s'agit du grade de «*Maître Écossais de St André*». Parmi les quatre tableaux nécessaires à la réception dans ce grade deux sont *explicitement* consacrés au Temple, l'un doit représenter le Temple de Jérusalem détruit, «les deux colonnes brisées et renversées, le pavé mosaïque et l'escalier à sept marches en ruines et à l'entrée du temple la mer d'airain et ses suppôts brisés et dispersés», l'autre tableau représente le Temple reconstruit par Zorobabel, et sur le rôle de ce dernier insiste le IIe *Discours du Député Maître* de ce grade écossais, au retour de la captivité[69] avec

---

69. Cf. manuscrit 5.922.4. *Rituel Général du grade de*

chandelier d'or à sept branches, table des «pains de proposition», l'arche d'alliance surmontée des deux chérubins et «la mer d'airain rétablie sur ses suppôts» et, fixée sur ledit tableau «avec de la cire», une plaque d'or triangulaire portant le nom sacré et sur ses trois pointes les lettres J.B.M. qui sont les majuscules des «mots» des grades précédents. Pour bien lier tous ces détails du Temple de Jérusalem à la maçonnerie, aux quatre angles du tableau sont figurés les quatre outils majeurs du Maître-Maçon : l'*équerre*, le *compas*, le *niveau* et la *perpendiculaire*.

Si l'on examine maintenant la récurrence incessante de l'*imago Templi* dans les Hauts Grades (R.É.A.A.) notons d'abord qu'au 4e degré, à la sortie des trois grades symboliques, «Maître Secret» dont la particularité du grade réside dans l'absence d'un 2e Surveillant, le 1er, resté seul, symbolise Adoniram en personne «qui fut après la mort d'Hiram le premier Maître Secret» et qui est porteur de «la clef qui ouvre l'accès au Saint des Saints», ce dernier, est-il révélé au récipiendaire «n'est que la Lumière que vous portez». Le 5e degré qui suit ce dernier, «Maître Parfait», ne fait qu'insister, en un redoublement explicite dans le titre même du grade, sur le sens de la quête du «Maître Secret»[70].

Et cette insistance est bien utile, parce qu'au sortir des trois grades symboliques, soudain l'on voit le symbolisme de la partie la plus

Maître Écossais de St André, 1809. Bibliothèque de la Ville de Lyon.
　　70. NAUDON P., *Histoire et rituels*, *op. cit.*, p. 203.

secrète du Temple le «Saint des Saints» s'élucider en une signification toute intérieure : le superlatif du nom de l'appartement le plus secret du Temple, «Saint des Saints», quitte soudain son symbolisme architectural pour se révéler comme attitude de l'âme. L'attitude essentielle qui est la capacité pour l'âme d'atteindre — et de produire — la Lumière sacrée : le Temple le plus secret devient ce pouvoir de «contemplation» même[71]. De même au 7e degré *Prévôt et Juge* (R.É.A.A.) le Vénérable Maître de la loge se nomme «Tito, prince des Harodim» c'est-à-dire des contre-maîtres au nombre de 3 600 que Salomon établit sur les ouvriers du *Temple* (II. *Paralip.* II. 18 ; I. *Rois.* V. 16…).

Une autre redondance templariste bien significative est la manifestation au 15e degré «*Chevalier d'Orient et de l'épée* (1er des grades «capitulaires» du R.É.A.A.)[72]. C'est le premier grade chevaleresque, il se réfère très explicitement à Zorobabel le reconstructeur du Temple «Prince des hébreux qui obtint de Cyrus… la permission de rebâtir le Temple… mais comme ils étaient environnés d'ennemis de toute part, ils travaillèrent à reconstruire le Temple et les murs de la ville de Jérusalem, *tenant l'épée d'une main et la truelle de l'autre* (c'est nous qui soulignons) «comme le remarque le lien entre la maçonnerie des constructeurs et la chevalerie». Lien souvent évoqué car les chevaliers de la Croi-

---

71. CORBIN H., *Temple et contemplation*, Éditions Flammarion, Paris, 1980.

72. NAUDON P., *ibid.*, p. 211.

sade furent les constructeurs de tout un système de forts et de fortifications en Palestine et donc eurent besoin d'une importante main d'œuvre d'ouvriers qualifiés. La devise de ce grade L.D.P. est bien mystérieuse et a donné cours à bien des élucubrations. Disons simplement qu'elle est l'abréviation de la demande posée par le gardien de la 1re Porte du Temple reconstruit en citadelle, les gardiens accordant la Liberté de Passage...* Le grade suivant le 16e (R.É.A.A.) «Prince de Jérusalem», complète simplement le précédent en insistant sur les menaces que faisaient peser, sur les reconstructeurs du Temple, les Samaritains jaloux de l'installation sur leurs terres des juifs exilés (Esd IV. V. VI...). C'est Darius qui, finalement, donna l'ordre d'achever la reconstruction du Temple.

Nous pourrions indéfiniment repérer, dans presque tous les Hauts Grades (R.É.A.A.), les évocations du Temple de Jérusalem, de son inventeur Salomon, des Maîtres constructeurs, du rôle de Zorobabel, etc. Par exemple le 8e *Intendant des Bâtiments*» célébrant le successeur du Maître Hiram, le 10e *Illustre élu des quinze*» précisant la poursuite des assassins d'Hiram par quinze «Grands Élus» [...] Tous contemplent avec de plus en plus de précision tous les symboles qui gravitent autour de ce «grand type général de la Franc-maçonnerie» qu'est le Temple. La Franc-maçonnerie rappelle continûment par ses redondances symboliques et rituelles cette confluence

---

* Cf. note 72.

de l'image du temple avec les catastrophes qui le menacent et le ruinent. Catastrophes dont se paie l'appartenance à un peuple «élu», et plus généralement qui accable toute condition humaine désignée à la fatalité de la mort.

LOIN DU PROFANE

Aussi l'initiation maçonnique débute, sur le parvis de son temple, par l'enfermement du candidat, dans un «cabinet de réflexion» tapissé de noir, entouré de figures explicites et de symbole de la mort : crâne surmontant des tibias croisés ; quelquefois une faux, allégorie de la faucheuse ultime ; un sablier évoquant le temps qui s'écoule comme du sable, sans retours ; une cruche d'eau et un quignon de pain qui, selon A. Gédalge [73] évoque un *in pace* ou du moins les aliments de la pénitence. Vient timidement teinter d'espérance ce décor funèbre et sans espoir, d'abord l'image du coq [74], vieil emblème solaire, hérité du mazdéisme, qui depuis le Xe siècle, surmonte le clocher des églises chrétiennes, entouré d'un phylactère portant la recommandation «Espérance et Vigilance». Ce coq, symbole également du «mercure» des alchimistes, «Vif argent», dont le sens alchimique est souligné

---

73. GELADGE Amélie A., *Manuel interprétatif du grade d'apprenti*, s.d., p. 15.

74. HANI J., *Le Symbolisme du Temple Chrétien*, *op. cit.*, p. 83 et ss. et FULCANELLI, *Les Demeures philosophales*, p. 39, 2 vol., Éditions J.-J. Pauvert, 1965.

• Cf. in FAIVRE A., *Accès à l'ésotérisme occidental*, chap. «Le Temple de Salomon dans la théosophie maçonnique au XVIIIe siècle», Éditions Gallimard, Paris, 1986.

dans les figures du « Cabinet de réflexion » par la présence du sigle du « soufre » (un triangle surmontant une croix) évoquant l'ardeur du soleil de midi, tandis que le sel (représenté par un cercle divisé par un diamètre horizontal)[75] signifie antithétiquement une pondération. Cet ensemble d'objets muets est surmonté d'une maxime rosicrucienne abrégée, et demi parlante V.I.T.R.I.O.L. : « *Visita interiora terrae, rectificandoque invenies occultum lapidem* » (Visite l'intérieur de la terre, et en rectifiant tu découvriras la pierre cachée), maxime qui souligne que l'ensevelissement de la mort peut découvrir par le travail spéculatif, la pierre secrète, la pierre d'angle qui *maintient* debout tout l'édifice.

Mais cette première rencontre du cherchant avec les symboles de la fatale ruine et de l'inéluctable mort est encore aggravée rituéliquement par la préparation vestimentaire du récipiendaire : avant d'être autorisé à frapper à la porte du temple ce dernier doit à la fois se dépouiller de ses métaux et à la fois se présenter dans un accoutrement risible (un bras et une épaule déshabillés, le genou droit mis à nu, le pied gauche « en pantoufle », un bandeau sur les yeux…) qui, cette fois, dépouille le candidat de sa respectabilité profane, de ses rangs sociaux. Les « métaux » que le candidat doit déposer sont symboles à la fois des biens — sonnants et trébuchants — de ce monde, et à la fois parce qu'ils

---

75. Voir Boucher J., *op. cit.*, p. 26 ; Plantagenet, *Causeries en loge d'apprenti*, *op. cit.*, pp. 51-52.

sont « sept » correspondants aux sept planètes de l'Astrologie et à leurs « caractères », les sept passions de l'homme terrestre. Démuni de « biens » et de passions le postulant est réellement « *candidatus* ». À Rome tout « candidat » à une fonction revêtait une toge blanche... C'est ainsi physiquement préparé que le « candidat » peut aller frapper à la porte du temple où il se présente sans passion, détaché des biens de ce monde, plongé dans les ténèbres, tel un défunt abandonné dans la nuit inéluctable de la mort. C'est ce que symbolise le « bandeau » dont le jeu rituélique accompagne, lors de l'initiation au 1er grade au cours des trois voyages rituels — et ponctués de coups de tonnerre — où le « souffrant » est éprouvé par le feu « qui dévore l'être corrompu » (*sic*), par l'eau qui recèle « les principes de la corruption », par la terre enfin qui « accélère la putréfaction ». Enfin lui est donné très progressivement la Lumière. Dès lors l'apprenti est revêtu des gants blancs qui ne le quitteront jamais au cours de ses travaux en loge.

Le « gant » est d'abord un isolant de la main par rapport aux salissures que peut apporter le monde : que l'on songe à nos modernes chirurgiens ! Prendre des gants c'est d'abord mettre à l'abri nos mains. C'est du Vénérable Maître de l'Atelier que le récipiendaire reçoit sa paire de gants, et même deux paires dont l'une « pour la femme qu'il estime le plus », ce qui faisait dire à Goethe « cadeau qu'on ne peut offrir qu'une fois dans sa vie ! », et qu'il remit effectivement lors de son initiation le 23 juin 1780 à la Baronne von Stein. Le gant, et spécialement

le gant immaculé tel qu'il est offert en maçonnerie, sépare son porteur du simple profane, tels
ceux de couleurs portés, dans la liturgie catholique, par évêques et cardinaux.

Quant au fameux « tablier » de peau
blanche, orné quelquefois d'emblèmes maçonniques, il est également un symbole de séparation, mais de séparation bien spécifique : ce tablier
est celui que revêt le travailleur, comme on le
voit déjà sur les figurations médiévales des
ouvriers des cathédrales. Les « sapeurs » — primitivement ceux qui creusent les sapes des fon-
dations les terrassiers — portent fièrement le
tablier de cuir comme on peut le voir dans les
défilés de notre « Légion Étrangère ». Mais est-il
besoin — comme le font tant de maçonnologues [76]
— de spéculer sur la forme de ce tablier ? La
forme actuelle — un rectangle surmonté d'une
« bavette » triangulaire — est très récente et ne
se généralise qu'au XIXe siècle. Dans toutes les
figurations de « tenues » des loges du XVIIIe siècle
(voir les reproductions in D. LIGOU [77] le tablier
n'est qu'un linge informe drapé sur le bas-ventre,
plus proche de son office de protection des salissures dans un travail que ne le sont les coquets
tabliers brodés et surchargés de symboles qui
apparaissent progressivement dès la fin du
XVIIIe siècle. Se trouve alors une grande confusion dans ces décors maçonniques envahis par

---

76. cf. RAGON, *op. cit.*, pp. 56-57 ; BOUCHER J. pp.
291-299 ; PLANTAGENET, *Causeries, op. cit.*, pp. 60-62.
77. LIGOU D., *Dictionnaire Universel…, op. cit.*, voir
In fine planches.

un symbolisme bien gratuit et fantaisiste. Trop de notables maçons se parent très paradoxalement de… «métaux» qui les font ressembler plus à un arbre de Noël qu'à un travailleur prêt à utiliser la truelle ou le maillet!

Il faut insister, avec tout le rituel maçonnique des deux premiers grades de l'initiation, qu'avec l'*imago templi* c'est tout un enseignement de la sacralisation (le fait de se mettre «hors du profane») du cherchant, apprenti ou compagnon, de sa séparation d'avec le profane. Sur le tapis de loge des deux premiers grades, certes on a soin de placer «trois fenêtres» pour laisser pénétrer la «lumière» du *cosmos* créé que souligne la présence des figures du soleil, de la lune et — peut-être! — de «l'étoile flamboyante» que découvre le compagnon, étoile chargée de la lettre G qui, lue soit comme initiale de «Got» (Dieu) soit comme celle de géométrie. Mais ces trois fenêtres sont «grillagées» et situées dans la partie haute de la salle sacrée. Ceci pour empêcher de pénétrer dans le Temple les rumeurs du monde qui pourraient être — comme dans la fameuse «caverne» de Platon — des intrusions profanes distrayant l'initié de sa contemplation. De même dans le temple, hormis les paroles rituéliques qui s'y prononcent, les odeurs du monde sont chassées par des «fumigations» d'oliban (*oleum Libani*: huile du Liban!) vulgairement appelé encens, de même que pour épurer le temple des «bruits» profanes est recommandée une «colonne d'harmonie» qui primitivement n'était formée que d'instruments «à vent»: Esprit-Saint oblige! L'importance de cette séparation sera encore précisée au 30e grade (R.É.A.A.) «Chevalier Kadosch»[78] lorsque les neuf maîtres «envoyés à la recherche du traître Abhiram» sont appelés Pharaskol («Tout est fait!»?) ce qui voudrait dire nettement «séparés» «par la sainteté de leur vie et leur bienveillance envers le pays».

LE LANGAGE DES NOMBRES

Une autre constante de tous les rituels de la loge, et dans tous les «Rit» pratiqués, et que rappelle la présence de la «planche à tracer» que nous avons déjà rencontrée, est le désir d'un langage *différent* de celui du profane. Certes l'initiation s'entoure de toutes les précautions pour garder *secrète* une partie du vocabulaire — les «mots» et les noms — ainsi qu'un jargon très spécifique, mais le signe permanent de ce souci du secret, de la séparation d'avec le profane est, d'un bout à l'autre du dire et de l'agir maçonnique, l'importance majeure donnée au langage des nombres. Dès son premier accès à la loge le «frère trois points» candidat apprenti fait résonner les trois coups du maillet frappés sur la porte[79] du Temple. Dès lors dans le Temple du Grand Architecte cerné par le «cordeau» du constructeur, le nombre et la mesure ne lâcheront plus les faits et gestes de l'initiation. Tout est compté, mesuré, dans l'ordre du Temple qui succède au «chaos» profane : les 3, 5 ou 7 degrés du Temple, tout comme les âges symboliques des grades, le nombre et le rythme des batteries

---

78. NAUDON P., *Histoire…*, *ibid*, pp. 217-218.
79. *Rituel du grade d'Apprenti*, *op. cit.*, Bibliothèque de la Ville de Lyon.

de maillet qui scandent toutes les décisions non profanes, le nombre des «*acclamations*», la très riche ordonnance des *flambeaux* (qui portent dans le parler maçonnique le nom d'*étoiles*) qui, de même que dans la liturgie des églises ne sont pas un quelconque éclairage, mais sont cierges de cire[80] (où se joint à la cire si symbolique des abeilles, La T*rinité* matérielle du cierge faite de flamme, de cire et de mèche...). Ajoutons avec J. Boucher[81] que l'usage respecté des «*étoiles*» se réfère à de très lointaines brumes d'un passé zoroastrien : pour éteindre les flambeaux, et par respect du feu, on ne doit en loge jamais souffler la flamme, mais «l'écraser avec le maillet». Enfin la *marche* (les *pas*) du maçon n'est pas sans règles, elle diffère beaucoup en nombre et en direction, selon le grade symbolique (apprenti, compagnon ou maître) où se situe l'initié.

Cette soif constante de cacher le secret par un langage spécifique vient très certainement des kabbalistes — fussent-ils chrétiens ! — du XVIe siècle. C'est en effet la Kabbale qui donne une clef pour passer des lettres et des mots aux chiffres et vice versa, la Kabbale donne des procédures très précises : la gématrie qui repose sur la somme des valeurs numériques des lettres d'un mot identique à la somme de valeurs numériques d'un autre mot, ces deux mots sont liés sémantiquement et cette corrélation permet d'élucider leur signification profonde ; le notarikon com-

---

80. Mgr KIEFFER, *Précis de Liturgie Sacrée*, 1937.
81. BOUCHER J., *op. cit.*, pp. 117-120.

bine les initiales des mots d'une phrase pour écrire un nouveau mot, ou à l'inverse déploie les lettres d'un mot pour révéler un nouveau mot[82]. Par exemple le mot *Métatron* formé de six lettres hébraïques ayant pour valeur 40+9+9+200+6+50 et le mot *Shaddai* formé de trois lettres ayant pour valeur 300+4+10 possèdent chacun le *même* nombre total = 314.

Par ailleurs bien des maçonologues, tel Jules Boucher, ont toujours rapproché le système des dix manières d'être de l'intervention «architecturale» de Dieu dans la Kabbale avec les organisations dénaires (par dix) de la loge maçonnique et de son fonctionnement: comme il y a dix *séphiroth* («puissances ou réceptacles de Dieu», «Visages de Dieu») il y a dix «officiers» placés très précisément dans l'Atelier, ces dix officiers (moins un: le Vénérable à l'Orient) sont placés au Nord et au Sud sur deux colonnes qui rappellent les deux colonnes kabbalistiques, celle de «Miséricorde» et celle de «Rigueur» où se placent de part et d'autre d'un troisième «pilier» symbolisant l'Équilibre qui fait de ces dualités une dualitude. Remarquons

---

82. Z'ev Ben Shimon Halevi, *La Cabbale, tradition et connaissance cachée*, trad. franç., Éditions du Seuil, Paris, 1980.

• ABECASSIS A. et NATAF G., *Encyclopédie de la mystique juive*, Berg édit., Paris, 1977.

• SCHOLEM G., *La Kabbale et sa symbolique*, Éditions Payot, Paris, 1966.

• CANTEINS J., *La Voie des lettres, tradition cachée en Israël et en Islam*, Éditions Albin Michel, Paris, 1981.

• VAJDA G., *Les Origines et le développement de la Kabbale juive*, Éditions Vrin, Paris, 1967.

toutefois que le modèle «dénaire» et séphirotique auquel se réfère la numérologie maçonnique n'a aucunement la rigueur de calcul de la Kabbale : les «mots» presque tous d'origine hébraïque — dont J. Boucher nous dévoile une liste d'environ 200 entrées [83] — ne sont présentement jamais traités kabbalistiquement par gématrie ou notarikon : ils ne sont que — très approximativement ! — traduits. Peut-être est-ce là l'origine, si souvent répétée dans les rituels, du sentiment et de l'affirmation d'une «parole perdue» ? Il y aurait un travail très riche de découvertes, pour un maçonologue, de traiter — après les avoir exactement transcrits en alphabet hébraïque — kabbalistiquement ces mots, plutôt que de se livrer à de vaines simagrées rituéliques à la recherche du nom de Jéhova ! Ce n'est pas pour rien que les hébreux interdisaient de prononcer ce nom : ce que la con-templation peut atteindre n'est que ce que l'Indicible a fait !

Quoiqu'il en soit arrêtons-nous un instant sur les nombres privilégiés par le temple maçonnique. Bien entendu, vient d'abord le 3. Certes ne nous arrêtons pas trop sur les appellations vulgaires des Francs-maçons comme «frères trois points». Nous retenons avec Ligou [84] que «le triangle est la figure géométrique élémentaire... »

---

83. BOUCHER J., *op. cit.*, pp. 102, 106, 139 et 141.

84. LIGOU D., *Dictionnaire*, *op. cit.*, article «triangle».

• Sur la numérologie, voir LIMA de FREITAS, *515 le lieu du miroir, art et numérologie*, préface de Gilbert Durand, Éditions Albin Michel, 1993.

• FAIVRE A., *Eckartshausen et la théosophie chrétienne*, Éditions Klincksieck, Paris, 1969.

« élément fondamental de toute construction géométrique ». Certes cette propriété initiale et naturelle du « ternaire », déjà établie par Platon, reprise par tout l'hermétisme et son application alchimique : soufre-mercure-sel, se charge en Occident Chrétien de la définition trinitaire de la Divinité elle-même [85]. Et la maçonnerie n'a pas oublié cette notion théologique « seul l'angle équilatéral, écrit Ligou, peut représenter le Grand Architecte ». Le savant maçonnologue ne s'arrête pas à cette constatation, mais s'ingénie à montrer qu'aux trente grades de perfectionnement du R.É.A.A., dès le 4e grade de « *Maître Secret* » avec ses trois candélabres, jusqu'au 30e grade « *Grand Élu Chevalier Kadosch* » où règne en maître le nombre 3 (trois têtes de mort, trois candélabres, trois appartements, trois verbes dans les devises du grade, etc.) dans chacun des 28 autres grades, le nombre 3 apparaît quelque part. Au début de l'initiation, le nombre trois n'était-il pas déjà le nombre de l'apprenti ?

Cependant peut-on affirmer que le nombre quatre ne joue qu'un « rôle mineur (*sic*) » en Maçonnerie [86] ? Est-ce écarter ce tétragramme qui constitue le nom secret de Dieu, est-ce écarter le tétragramme christique I.N.R.I. que les alchimistes préfèrent traduire par *Igne natura renovatur integra* mot sacré au grade important de Rose Croix au 18e, au 25e et 27e degrés du

---

85. BONARDEL F., *Philosophie de l'Alchimie. Grand Œuvre et modernité*, Éditions PUF, Paris, 1993.

86. LIGOU D., *op. cit.*, articles « quatre », et « quaternaire ».

R.É.A.A., au 7ᵉ degré du R.F.A., mot de quatre lettres (dont une, le I redoublé, comme l'est le Hé redoublé du «tétragramme sacré»: iod, Hé, vav, Hé assimilé à la «Parole Perdue» dans le Rituel Anglais de «Royal Arch»). Et il serait bien inquiétant que dans l'édifice maçonnique tant structuré par les proportions et les nombres qui servent à mesurer le Temple et par le culte quasi-sacré de la Géométrie et du Grand Géomètre de l'Univers, la méditation maçonnique ait délibérément écarté ce nombre quatre qui «est l'un de ceux qui ont le plus d'importance»[87]. Par ailleurs il faut souligner un certain système maçonnique, qui eut une importance très grande en Russie. Il s'agit du «rit» de Melesino — nom de l'officier d'origine grecque qui l'introduisit en Russie —. Dans ce rit c'est bien le nombre 4 qui est fondateur de tous ses symbolismes: la structure générale repose sur quatre Hauts-Grades (Voûte obscure, Chevalier écossais, Philosophe, Clerc du Temple) et c'est par quatre coups que se signalent toutes les batteries; il y a quatre devoirs essentiels, etc.

Cependant, un problème se pose dès le premier coup d'œil de l'apprenti en loge: au centre de la loge — qui est le véritable «autel» de la loge — où est situé le tapis de loge, ce dernier est toujours un rectangle donc construit sur quatre angles (que ce soit un «carré long» de

---

87. CAZENAVE M., *op. cit.*, article «quatre». Voir WIRTH O., *op. cit.*, 1ᵉʳ livre «Le livre de l'Apprenti», pp. 171 et 182.

proportions 1/2, le banal rectangle de 3x4, ou le fameux «carré soleil» aux proportions du «nombre d'or» 1x1,618[88] tandis qu'il est orné sur trois angles seulement de trois «piliers» qui, au centre du Temple, supportent trois gros flambeaux (dits «mortiers de veille») et portent les noms de trois des sephirot kabbalistiques : Force (*Geburah*), Sagesse (*Hochmah*) et Beauté (*Tipheret*).

Ce «trois», substitué visiblement au quatre suggéré par le «carré long», fait problème, d'autant plus — comme le remarque J. Boucher[89] — «qu'il y a confusion entre *tripheret* et *chesed* (grâce)» dans le carré-long de l'arbre séphirotique de la Kabbale où force, grâce, sagesse occupent trois des angles, mais où manque l'apparition «à nos yeux mortels» (*sic!*) (et la «lumière»!) du quatrième : *Bina* «l'intelligence suprême». Précisons la signification de cette sephira «qu'on ne peut voir», avec le maître de la Kabbale que fut mon ami G. Scholem : *Bina* est «la mère céleste», «le sein maternel» d'où coulent les sept jours de la Création. Citant un mystique disciple de l'illustre Isaac Louria (1571) Scholem décrit cette vision «au pied du mur des Lamentations» d'une veuve «vêtue de noir pleurant le mari de sa jeunesse». *Bina* doit donc rester invisible car elle ne voit pas elle-même, comme Rachel les yeux noyés de larmes.

---

88. GHIKA M.C., *Le Nombre d'or. Rites et rythmes pythagoriciens dans le développement des Civilisations occidentales*, 2 vol., 1931.

89. BOUCHER J., *op. cit.*, p. 100 ; cf. SCHOLEM G., *Les Grands Courants de la mystique juive*, chap. VI «La doctrine théosophique du Zohar», p. 221 et ss., note 51.

L'initié maçon peut longuement méditer sur l'invisibilité de l'Intelligence divine et de la pudique discrétion sur la féminité qui, dans l'Ordre, ne fera qu'«adopter» les éléments et les accents féminins de la Création. Cette «pudeur» sera marquée tout au cours de l'éthique du christianisme, ce n'est que C.G. Jung[90] au XXe siècle — de concert avec le Dogme catholique promulgué en 1950 de «l'Assomption» de la Vierge-Mère de Dieu — qui fera du «quaternion» par lequel est réhabilitée en toute psyché une *anima* (Ève, Hélène, Marie ou Sophia) absolument nécessaire à la *complétude* (l'«individuation») *du Soi*. Mais il ne faut pas perdre de vue que cette quaternité qui rétablit l'intégration duelle des contraires (2x2) exige un chiffre de *coïncidentia* supplémentaire. C'est peut-être bien la question que posait en maçonnerie le problème de l'impair des trois piliers reposant sur le pair du carré-long... C'est ce que dit le célèbre adage de Marie la Prophétesse : «Du un sort le deux, du deux sort le trois, et du trois *naît l'un comme quatrième*». Mais cet «un» nouveau, ce centre géométrique du quatre n'est autre que le cinq.

Nous avons déjà rencontré le cinq en symbolique maçonnique sous la forme du pentagramme étoilé au grade de Compagnon. Ce cinq

---

90. JUNG C.G., *Correspondance*, trad. franç., Vol. V, Lettre à Max Imboden du 30/01/58, Éditions Albin Michel, Paris, 1973, p. 17.
• *Essai sur la symbolique de l'esprit*, trad. franç., Éditions Albin Michel, 1970.

est bien « l'étoile flamboyante ». Il est bien arithmétiquement la *somme* des deux premiers nombres pair et impair : le *deux* et le *trois* (le 1 n'était pas un « nombre » mais une simple unité additive). Ce cinq a donc une parenté arithmétique remarquable avec le *douze* qui lui n'est pas la somme, mais le produit (3x4) du trois et du *carré* de deux. Nous avons déjà remarqué que le pentagramme étoilé se dessine par *cinq* triangles et qu'il recèle dans son « flamboiement » la lettre sacrée qui offre le sens aussi bien du Grand Géomètre de l'Univers, que de la Géométrie résumé de tout savoir véridique de l'homme. Telle est bien cette « quintessence »[91] que la contemplation maçonnique emprunte à l'alchimie et qui signifie « encore plus loin que l'un primordial et final » le principe même de l'unification « le centre même de cette unité déployée », cet « un qui naît du quatrième » et que prophétisait Marie la Prophétesse. Chiffre même de la capacité de compréhension de l'Homme.

Tout comme le cinq représentait la crucifixion et ses « cinq plaies » au centre des quaternaires de la croix, le sept représente le *sol invictus*, au centre de l'hexagramme, du « sceau de Salomon ». Ce dernier, composé de deux triangles tête-bêche « mariage fécond du feu et de l'eau » selon Wirth[92] ici fidèle à la sémiotique alchimique et au binaire génésique comme nous

---

91. CAZENAVE M., *op. cit.*, article « quintessence ».
92. WIRTH O., Le Symbolisme hermétique dans ses rapports avec l'Alchimie et la Franc-maçonnerie, 2e édit., 1931.

l'avons déjà constaté, figure sur le bijou des Grades Intérieurs qui ne quitte pas l'initié dès qu'il a dépassé les «grades symboliques» (R.É.R.). Si le sept est bien, comme le montre abondamment M. Cazenave «le nombre sacré le plus important après le trois dans les traditions des civilisations orientales», il n'a pas un rôle *spécifiquement* maçonnique et signifie simplement «l'énumération parfaite», la perfection «en tout»[93]. Il constitue en quelque sorte une épithète de la «perfection»: le Temple ou la loge est *parfait* lorsqu'il possède sept marches, la juste et parfaite loge possède sept maîtres, la totalité des métaux, des planètes, des couleurs, des notes de la gamme, des arts libéraux, des dons du Saint Esprit, des péchés capitaux, des sceaux du Livre apocalyptique, sont au nombre de sept.

Par contre le douze — auquel curieusement M. Cazenave ne donne pas d'entrée particulière dans sa remarquable *Encyclopédie* — est le nombre par excellence de la Cité Sainte: elle a un plan carré, et chaque face — chaque «mur» — est percé de trois portes (3x4) telle que mon maître Henry Corbin l'avait choisi comme sigle (emprunté à un manuscrit irlandais) de Jérusalem dans le blason de «l'Université St Jean de Jérusalem» qu'il avait fondée (1974) et dont j'eus alors l'honneur d'être le Vice-Président.

La «famille» des images relatives au Temple, se modelant fortement sur les péripéties du Temple de Jérusalem et de ses ruines successives, «obsède»

---

93. CAZENAVE M., *op. cit.*, article «sept».

donc d'une façon fondamentale la pensée et les valeurs maçonniques. Le Temple et ses déboires fonde d'un bout à l'autre le «travail» maçonnique et inspire ses degrés. Pour les chercheurs demeurés profanes ce mythe des constructions et des destructions du Temple scande à chaque instant l'attitude de l'initié, et confirme un solide «souchage» — semble-t-il! — sur une certaine pensée fondatrice du Judaïsme, où le «pas encore» (*nondum*) de la venue du Messie coïncide avec l'échec et la ruine, ici-bas, de toute construction (le «mur des lamentations») «extérieure» au secret de l'âme de chaque créature.

Dans un tel horizon de ruines où la lumière venue en ce monde «n'est pas reçue par ce dernier» (le triangle qui orne à l'Orient le Temple, au R.É.R. est accompagné de la citation du Prologue de l'Évangile de Jean : *Et eam non comprehenderunt* («Et ils ne comprirent pas cette Lumière […]»), il y a obligation que le Temple ne soit plus détruit et ruiné par «le péché du monde», échappant dans la contemplation décisive de l'«homme de désir». L'intériorité doit se substituer à la matérialité littérale de la pierre et de l'édifice. Et c'est ce que signifie le second mythe fondateur de la Franc-maçonnerie : la légende d'Hiram l'architecte ou le maître d'œuvre…

Chapitre III

La légende d'Hiram et son mythologème

Le Maître Hiram... surnommé Abif — qui selon les interprètes signifie Envoyé de Dieu — cet homme révéré par Hiram roi de Tyr comme son père, estimé, chéri, honoré par Salomon... fut le conducteur en chef de tous les ouvriers... L'histoire de sa mort et de son assassinat par trois compagnons est une fiction ingénieuse que favorise, à cet égard, le Silence des Saintes Écritures...

Explication du 3ᵉ tableau pour la réception d'un Maître Écossais de Saint André (4ᵉ Grade du R.É.R.) M.S.5922-4. Bibliothèque de la Ville de Lyon

LE MYTHOLOGÈME DU PHÉNIX

Certes toutes les historiens, et la plupart des maçonnologues, s'accordent pour affirmer que la légende d'Hiram fut introduite en Maçonnerie de façon très récente : J. Boucher fixe cette introduction au stuariste et rosicrucien Elias Ashmole vers 1646 [94]. D'autres comme Lantoine ou

---

94. NAUDON P., *op. cit.*, *Les Origines...*, p. 266.
— *Op. cit.*, *Histoire et Rituels...*, pp. 14, 15 et 16.

Ragon relie directement le meurtre et la vengeance des maîtres contre les assassins, à la décapitation de Charles Hier (1649) par les partisans de Cromwell.

Quoiqu'il en soit les séquences qui composent le mythe d'Hiram (perfidie des coupables — assassinat d'Hiram — résurrection grâce aux bons compagnons) devient dès la fin du XVIIIe siècle, le mythologème essentiel du Romantisme si bien étudié par mes amis L. Cellier, P. Albouy et par E. Benz ou A. Viatte[95]. D'autre part ce mythologème : mort infamante/résurrection a pour image archétype le très ancien symbole de l'oiseau porteur de l'immortalité : l'oiseau Benu en Égypte vénéré à Héliopolis, l'oiseau Milcham des anciens hébreux, refusant le «fruit défendu» porteur de mort tendu par Ève, et récompensé par l'immortalité, l'oiseau Fenghuang de la Chine[96], «oiseau de cinabre» — le cinabre (sulfure de mercure) perdure, «demeure», parce qu'il maintient en lui l'équilibre du Yin et du Yang, du soufre (sulfure) et du mercure alchimiques. Enfin le dieu Quetzalcoatl (*quetzal* : «l'oiseau», *coatl* : le «serpent») de la mythologie de

---

95. cf. CELLIER L., *L'Épopée humanitaire et les grands mythes romantiques*, SEDES, Paris, 1971.
•VIATTE A., *Les Sources occultes du Romantisme*, Éditions Champion, Paris, (1928), 1965 ; cf. également ROOS J., *Aspects littéraires du mysticisme philosophique au temps du romantisme*, Éditions Heitz, Strasbourg, 1952.
96. ROBINET I., *Introduction à l'alchimie intérieure taoïste*, Éditions Le Cerf, Paris, 1993.
• Cf. GRANET M., *La Pensée chinoise*, Éditions Albin Michel, Paris, 1944.

l'Ancien Mexique, bien proche par sa symbolique — qui persiste encore sur le drapeau du moderne Mexique. L'on voit bien que ce mythologème, qui anime la légende «récente» d'Hiram, est présent sous la figure archétypale de l'oiseau immortel dans toutes les grandes cultures de l'univers : Chine, Mexique, Égypte...[97] Notons au passage qu'il n'a nulle peine à s'immiscer dans la philosophie chrétienne dont le centre de gravité symbolique est une résurrection. Le *Physiologus,* texte du IIe siècle que cite souvent M. Cazenave, à l'article «Phénix»[98] : «Quand la résurrection d'entre les morts est accordée à cet animal absurde, que le Créateur de toutes choses ignore, ne nous sera-t-elle pas donnée à nous qui prions Dieu et suivons ses commandements?» Mais cette image de l'oiseau phénix sur lequel le *Physiologus* construit sa philosophie est une figure commune à tous les Pères de l'Église qui font du phénix l'image du Christ ressuscité. Il n'est pas sans intérêt, pour notre propos maçonnologique, de remarquer qu'indistinctement Christ est assimilé (entre autres) au phénix aussi bien qu'au pélican comme le dit un hymne *Pie*

97. Sur le Phénix, FESTUGIERE A.J., *La Révélation d'Hermès Trismégiste*, 4 vol., Éditions Belles Lettres, Paris, 1949-1954.
• Cf. SOUSTELLE J., *L'univers des Aztèques*, Éditions Herman, Paris, 1979.
• TAUBE, *Mythes aztèques et mayas*, Éditions Seuil, Paris, 1995.
98. Important article in CAZENAVE M., *op. cit.*, article «Phénix» p. 521. Le *Physiologus* est cité plus de trente fois.

pelicane, Jesu domine : « O pélican plein de bonté,
Notre Seigneur Jésus », cet oiseau — citons encore
le *Physiologus* ! — « nourrit et ressuscite même ses
petits par le sang tiré de son cœur [...] » Or l'imaginaire maçonnique reprend à son compte ce
symbolisme du pélican, explicitement au très
fameux 18ᵉ grade (R.É.A.A.) de « Chevalier Rose-
Croix », dit, entre autres !, « Chevalier du Pélican ». Ce grade est appelé ainsi « parce que le fils
de l'homme est aussi comparé au pélican qui se
perce le flanc pour nourrir ses petits » (*sic*). « *Esu-
rientes nutrit* » comme souligne la devise du pélican sur un tableau du grade Suprême du R.É.R.,
face au Phénix dont la devise est « *Perit ut vivat* ».
Ce pélican complète le phénix, et apparaît donc
comme un accent très typiquement chrétien, liant
la *caritas* à la résurrection, liant cette *caritas* comme
condition de la survie de l'âme. C'est en ce sens
que le Comte de Maistre complètera la hiérarchie maçonnique dans le fameux *Mémoire au Duc
de Brunswick*, comme chez Savalette de Lange au
grade Supérieur de « *Maître à tous grades* », en
minimisant toute parenté — autant qu'il se pouvait — avec un ordre militaire : c'est la mansuétude (la *Mitleid* de Parsifal !) qui, en définitive,
sacralise la vocation maçonnique.

   Si l'on note que ce même grade fameux
s'intitule aussi « Chevalier de l'Aigle » on est
conduit à cette remarque qui sera confirmée par
les décorations de la loge au degré Suprême du
R.É.A.A. « Souverain Grand Inspecteur Général »
que les trois symboles ornithologiques de la
Franc-maçonnerie : Phénix, Pélican, Aigle — auxquels on peut modestement joindre le coq du

Cabinet de réflexion — sont les très rares « infractions » à l'iconoclasme maçonnique qui recommande de ne pas figurer dans l'ornement des loges un être vivant… Certes il y a eu encore d'autres symboles animaux dans le bestiaire maçonnique, par exemple à la S.O.T. [99] où figurent au 4e grade « Écossais Vert » aux quatre angles du tapis de loge : singe, épervier (*sic*), renard et lion. Mais ils ne sont utilisés que comme allégories : « Imitez les vertus de ces quatre animaux… Soyez valeureux et généreux comme le lion mais sans cruauté, adroit comme le singe, imitateur de vos anciens, sans ridiculité et pétulance, clairvoyant comme l'épervier mais non persécuteur, rusé enfin comme le renard sans être fourbe ni faux ». Sur le tableau (vertical à ne pas confondre avec le tapis) du grade d'« Écossais Vert » du S.O.T. figure un lion couché « jouant tranquillement » (*sic*) avec des outils maçonniques (équerre, compas, règle…) le tout surmonté d'une inscription Meliora praesumo [100], « j'en présume de meilleurs » que le R.É.R. reprendra à son compte au grade de « Maître Écossais de St André quatrième » et dernier grade maçonnique du Régime Rectifié arrêté en Convent Général à Wilhemsbad, l'an 5782… « ce symbole du grade » qu'est le lion « sous un ciel chargé de

99. GIRARD-AUGRY P., *Les Hauts Grades chevaleresques de la Stricte Observance templière au XVIIIe siècle*, Dervy, Paris, 1995.

100. Manuscrit 5922.4 (ayant appartenu à J.B. Willermoz), fond Général, bibliothèque de la ville de Lyon, 1809.

nuages et d'éclairs, se reposant sous l'abri d'un rocher et jouant tranquillement avec des instruments de mathématiques» (*sic*).

Tant au 4e grade du S.O.T. qu'au 4e grade du R.É.R. la présence de ce lion et de sa devise pleine de *promesse*, marque bien la «sortie» des grades symboliques «bleus» pour accéder au «vert» — couleur qui tapisse ici la loge et qui est la couleur du sautoir du grade où se trouve suspendu le bijou au «double triangle entrelacé» qui sera porté à *tous* les grades intérieurs du R.É.R. Il est notable que sur ce bijou — et comme en «écho» symbolique à Hiram — figure St André sur sa croix chiasmée (*Andros* en grec signifie «l'*homme*»).

Or les quatre oiseaux de la symbolique maçonnique résument bien le parcours spirituel du maçon : le *coq* — «espérance» dominant les questions funèbres du cabinet de réflexion — indique bien l'éveil de l'apprenti-compagnon (mettons ensemble ces deux appellations, nous souvenant qu'il ne s'agissait, à l'origine, que d'un même grade !), le *phénix* qui, dès la légende d'Hiram au 3e grade et développant cette légende aux «grades de Perfection» du R.É.A.A. — ainsi qu'au 4e grade de «*Maître de St André*» du R.É.R. — soustend comme mythologème, aussi bien le symbole de résurrection christique que celui du drame de l'architecte assassiné ; le «pélican» du 18° degré, «Chevalier du Pélican» (R.É.A.A.), péristyle des grades philosophiques (aréopages) qui, insensiblement, conduisent au titre de Prince (24e «Prince du Tabernacle», 32e «Sublime» «Prince du Royal Secret», du R.É.A.A.) puis au titre de «Souverain» et prennent pour emblème l'«aigle», et même l'aigle à deux têtes... L'on se demande bien pourquoi J. Boucher [101] s'égare, à propos de l'aigle à disserter sur le tétramorphe de la Vision d'Ezéchiel (Ez I. 5-14) reprise par l'Apocalypse (Ap. IV. 6-8), symboles qui ne sont dûs qu'à l'incipit de chacun des quatre Évangiles canoniques tels que les a repérés St Irénée dans son *Traité contre l'hérésie*! Une bonne connaissance de la question, constate d'une part que l'assimilation de ces quatre animaux aux signes astrologiques angulaires ne peut y trouver un «aigle» (remplacé dans le cadran astrologique par le scorpion!) et que le «lion» était bien ignoré en Occident, remplacé par l'ours dans les Pyrénées! (voir les représentations tétramorphes au célèbre Musée d'Art Roman de Barcelone) avant les Croisades?

Signalons dès maintenant que dans le grade Suprême du R.É.R. «*Chevalier Bienfaisant de la Cité Sainte*» le chapitre est orné à l'Orient — outre les armes de la Province maçonnique intéressée — de deux tableaux: du côté du Midi celui du *Pélican*, du côté du Nord celui de *Phénix*. Le R.É.A.A. dans ses ultimes degrés y ajoute l'*aigle bicéphale* dont le symbolisme dépasse le contenu du symbole aviforme que nous étudions présentement: rappelons-le, c'est celui du Phénix, emblème de toute résurrection.

---

101. BOUCHER J., *La Symbolique maçonnique, op. cit.*, p. 47.

HIRAM

Certes ce symbolisme du phénix est réactivé par cette fameuse légende d'Hiram qui apparaît avec précision vers 1725 — comme l'ont bien remarqué les maçonnologues. Cette dernière recouvre à la fois en la prolongeant l'histoire de la construction du Temple de Salomon, et à la fois les préoccupations politiques des jacobites choqués par l'exécution de Charles Hier, et qui, réfugiés en France, vont mettre sur pied la 1re institution «écossaise» [102]. Quoiqu'il en soit de ces «pourquoi» plausibles, il est évident que le fonctionnement des loges avec l'intrusion massive de la légende d'Hiram au troisième grade, celui de *Maître*, quitte en partie le mythologème templariste pour lui substituer celui des déboires mortels de son architecte Hiram attirant l'attention mythémique par la redondance même du personnage dans les textes de la Bible (2 Ch 10 ; I. Champs. 1-52-54 ; 1 R VII. 13, 27 ; 1 R IV. etc.). Nous rencontrons dans cette dernière quatre Hiram bien distincts : un roi de Tyr, allié de Salomon, puis l'habile artisan fondeur fils d'une «veuve» et encore le chef de Tribu issu d'Esaü, enfin le chef des corvées d'ouvriers du Temple, Adonhiram. Le rituel maçonnique a condensé ces divers personnages en un seul : le Maître

---

102. LANTOINE A., *La Franc-maçonnerie Écossaise en France*, *op. cit.*, pp. 59-60.
• Le FORESTIER R., *L'Occultisme et la Franc-maçonnerie Écossaise*, 1928, pp. 154-155
• Cf. RAGON J.M., *Orthodoxie maçonnique*, Dentu, Paris, 1953.

Architecte[103]. C'est sur lui seul que repose le drame que résume le rituel : « trois » compagnons félons veulent lui dérober les « paroles de maître » et le frappent successivement d'un coup de « règle », d'un coup d'« équerre » et finalement d'un coup de « maillet ». Le corps d'Hiram fut enterré, caché hors de la ville avec pour repère de la tombe une branche d'« acacia ». Nous avons déjà rencontré la prééminence maçonnique de ce végétal qui — comme le gui ou le houx celtiques — a le privilège de rester toujours vert et de fleurir (tel le mimosa) au cœur de l'hiver. Neuf compagnons éplorés recherchent la dépouille du maître et finalement la découvrent grâce à la branche d'acacia... et c'est sous ce symbolisme végétal qu'Hiram ressuscite... Il est intéressant de comparer la « redondance » de cette légende d'Hiram, avec une version — rapportée par Pierre Girard-Augry — « templière »[104]. C'est le Grand Prieur de France en Anjou de l'Ordre du Temple qui y remplace l'infortuné Hiram : « Dans ce temps, Aumont Grand Prieur de France en Anjou ayant pour de bonnes raisons persécuté trois chevaliers nommés Florianus, Noffodei et Eures... ils résolurent de s'en venger... Ces trois chevaliers, le voyant seul, lui demandèrent avec arrogance pourquoi ils les avait persécutés ; il leur répondit avec douceur qu'ils ne devaient pas en être frappés puisque leur mau-

---

103. BOUCHER J., *op. cit.*, p. 258 ; cf. Ragon, *Rituel du grade de Maître*, *op. cit.*, pp. 9-12.
104. GIRARD-AUGRY P., *op. cit.*.

vaise conduite et leur libertinage leur devait ôter tout espoir d'avancement... Ces trois chevaliers, remplis de colère et de rage, se jetèrent sur lui et l'assassinèrent à coups d'épée, le jetèrent par la fenêtre dans le jardin où ils l'enterrèrent».

LES ORNEMENTS FUNÈBRES

Les ornements et le mobilier de la loge varient du tout au tout à ce IIIe degré de Maître. Alors que tous les décors des 2e et 3e degrés étaient voués à la construction du temple : figure et escaliers du Temple, outils du constructeur dont deux — l'équerre et le compas- figurent à égalité avec le «livre de la Loi Sacrée» comme les «trois lumières» de la loge. Ici, sur ce «tapis de loge» du IIIe degré, seules subsistent... les sept marches du temple, à l'Occident (divisées en 3, 5 et 7) et les «deux lumières», soit le «compas» à l'Occident ouvert vers l'Occident et l'«équerre» à l'Orient — et au R.É.R. se glisse encore à l'angle Nord-Ouest du tapis la «planche à tracer» qui est bien le propre du Maître Architecte — tout le reste du tapis est comme submergé par la couleur de deuil, le «noir» qui, par ailleurs, tapisse tout l'appartement de la loge. Ce noir est aussi celui du fond de ce tapis orné, ici de six têtes de mort sur des tibias croisés tournées vers l'orient (R.É.A.A.), là (R.É.R.) plus sobrement est parsemé simplement par quatre-vingt-une «larmes» funèbres d'or ou d'argent... Repose au centre du tapis, la tête vers l'Occident, les pieds vers l'Orient, un «cercueil» dont le sens est quelquefois (R.É.R.) souligné par une tête de mort et où est placée au centre une «lame» triangulaire d'or portant les lettres J.A. ainsi que la petite branche verte d'acacia en fleur.

Pour souligner encore l'accent funèbre donné à tout ce décor l'on trouve à la lisière du dais couvrant le siège du Vénérable Maître cette inscription en français : «Pensez donc à la mort» que contrebalance le message d'un tableau, devant le plateau du Vénérable Maître, représentant «un vaisseau démâté, sans voile et sans rames, *tranquille sur une mer calme*» accompagné de l'inscription en latin : *In Silentio et spe fortitudo mea*, «dans le silence et l'espoir réside ma force «(R.É.R.).

Enfin à l'Occident, près de la porte d'entrée, entre les deux colonnes, un petit mausolée est élevé par trois marches (ou peint) sur une base triangulaire, au sommet en pyramide sur laquelle repose une «urne sépulcrale» d'où se lève «une vapeur enflammée». Ledit monument est encadré en haut et en bas de deux inscriptions : «Deponit aliena ascendit unus» (que l'on peut traduire : «Il gît divisé, et monte unifié») et en bas : «Ternario formatus, novenario dissolvîtur, (soit : «formé par le ternaire, il se résorbe dans le neuf») (R.É.R.).

L'on voit donc par tous ces détails, qu'au IIIe grade, les décors et ornements de la loge ont totalement changé par rapport à ceux dessinés des «constructeurs» du Temple des 1er et 2e grades. L'on est passé du Temple «construit de mains d'homme», au Temple conçu comme «corps de résurrection» de l'individu humain en partant de l'affirmation tant johannique (*Jean*. II. 21) «Jésus dit : détruisez ce temple et en trois jours je le relèverai — les Juifs reprirent : on a mis 46 ans à bâtir le Temple, et tu le relèverais en trois jours [...] ! Mais Il parlait du temple de Son Corps » [105]. Cette similitude du temple et du corps christique est encore soulignée lorsque le Christ se dit « la pierre d'angle » et déléguera cet emblème à Simon-Pierre : « Tu es pierre, et... » Cette anthropomorphisation — et même ici chez les chrétiens où l'homme est Dieu, cette « théisation » — du Temple était fréquente dans l'antiquité non chrétienne : Vitruve déjà souligne que les proportions des membres du corps humain se retrouvent dans toutes les constructions humaines et principalement dans « les temples des dieux ». De même dans la gématrie kabbalistique la somme des valeurs numériques des lettres constituant le nom d'Adam est de 46, le même nombre des années qu'a duré la construction du Temple de Salomon [106]. De même, en grec, les quatre lettres constituant le nom d'Adam sont les initiales des mots désignant les quatre points cardinaux, les horizons de l'Univers : Anatolé (l'Orient), Dysmé (l'Occident), Arctos (le Nord), Mésembria (le Midi).

Mais si Temple et corps humain, fut-il divinisé, peuvent être métaphorisés l'un par l'autre, comme chez Vitruve ou Ovide déjà, il

---

105. Corbin H., *Corps spirituel et Terre Céleste. De l'Iran mazdéen à l'Iran Shi'ite*, Buchet-Chastel, Paris,. 1979, pp. 116-120, 234, 240 et ss.

• Hani J., *op. cit.*, chap. VI, « Le Corps de l'homme-Dieu ».

106. Hani J., *op. cit.*, p.62.

est plus difficile de comprendre pourquoi à la figure traditionnelle du Christ substituée au Temple de Pierre est substituée à son tour l'image d'Hiram, cet «architecte», ou maître d'œuvre, du Temple de Salomon... Si l'apparition de cette légende en maçonnerie se fait tardivement dans le second tiers du XVIIIe siècle il est peut-être nécessaire d'en chercher le «pourquoi» tant profane dans la longue campagne des pouvoirs étatiques européens (gallicanisme et jansénisme français, anticléricalisme portugais avec Pombal, expulsion d'Espagne, de Naples, de Toscane par les Bourbons) contre les Jésuites qui aboutit finalement au bref du pape Clément XIV du 21 juillet 1773 «détruisant» la Compagnie de Jésus... Mais il faut souligner, avec les chronologies de l'histoire à l'appui, que les trois grands problèmes occultes du siècle des Lumières à savoir : la guerre de religion britannique opposant férocement les Stuart catholiques aux Tudor puis aux Hanovre, la destruction de l'Ordre catholique si puissant — la Compagnie de Jésus — par le pape lui-même en 1773, enfin l'essor prodigieux d'une Franc-maçonnerie chrétienne malgré les défiances pontificales de 1738 (Bulle *Eminenti*), de 1751 (Bulle *Providas*) ont en commun partagé le tissu même des relations et des exclusions fondant l'histoire du siècle de l'évêque de Cambrai Fénelon (1651-1715), du Chevalier de Ramsay (1686-1743), du pasteur James Anderson (1684-1739), de Swedenborg (1688-1772), de Frédéric II de Prusse (1712-1781), du baron de Hund (1722-1776), de Joseph Balsamo (1743-1795), du duc Ferdinand de Brunswick (1721-1792), du comte

de Maistre (1754-1821), de Goethe (1749-1832).
Ce siècle qui commence avec J.S.Bach (1685-
1750) et Haendel (1685-1759), se poursuit avec
Gluck (1714-1787) et Rameau (1683-1764), se
clôt avec Haydn (1732-1809), Mozart (1756-
1791) et Beethoven (1770-1827)...

Pourquoi donc, peut-on se demander, l'incertain Hiram (il y en a trois ou quatre souvent
confondus !) et sa légende si pré-romantique d'un
assassinat crapuleux et d'une résurrection... collégiale s'est-il substitué, au milieu du siècle, à
l'histoire canoniquement bien ancrée dans les
Quatre Évangiles de la Passion, de la Mort, de
la Résurrection de Jésus, le Christ des Chrétiens ?

LES RAISONS D'UNE SUBSTITUTION

Deux réponses peuvent être données : celle
de la prudence en un siècle où le tribunal d'Ab-
beville condamne le jeune (il a 19 ans...) Chevalier de la Barre (1766) à avoir le poing coupé,
la langue arrachée et à être brûlé vif pour ne
s'être pas découvert au passage d'une procession
religieuse... Tandis que Jean Calas, protestant
est exécuté par le supplice de la «roue» à Tou-
louse en 1762, accusé d'avoir assassiné son propre
fils pour l'empêcher de se convertir au catholicisme... Certes le «Frère» Voltaire connaissait
bien ces dossiers... et l'on sait quel courage et
quel talent il mit pour faire réhabiliter ces inno-
cents condamnés pour de véniels délits d'opinion ! Toutefois en ces années centrales du
XVIIIᵉ siècle, et en France malgré la suspicion
du Cardinal Fleury, la Franc-maçonnerie a fait,
dans les classes dirigeantes un bond en avant si

important qu'il est impossible de tenter de l'éra-
diquer [107].

Bien plus, si l'on en croit la thèse du
Frère Robert Lindsay — l'éminent historien de
la Grande Loge d'Écosse et le grand spécialiste
de l'Écossisme [108] — certains maçons français
« émus par la condamnation » pontificale de 1738
« cherchèrent à se justifier en accentuant leurs
caractères catholiques, légitimistes et, pour tout
dire, écossais ». Outre le Frère Bertin du Roche-
ret (1693-1762) qui lance l'affirmation jacobite
comme quoi l'ordre aurait été introduit en France
« à la suite du roi Jacques II en 1689… » Ligou
cite les « trois mousquetaires de l'Ordre », écossais ou irlandais, « mais également jacobites
militants » : lord Derwentwater (1693-1746), fondateur lors de son exil en France, de la célèbre
Loge St Thomas (Becket!), puis Grand Maître de
l'Ordre pour la France, Mac Leane qui précéda
Lord Derwentwater à la Grande Maîtrise, Hegerty
ainsi que le duc de Warton évincé de la Grande
Maîtrise de la grande Loge de Londres et devenu
Grand Maître de la Grande Loge de France… [109].

---

107. CHEVALLIER P., *Les Ducs sous l'acacia* , *Les premiers pas de la Franc-maçonnerie française*, Vrin, Paris,
1964, pp. 102 et ss.
• Cf. DURAND G., *Un Comte sous l'acacia : Joseph de
Maistre*, Encyclopédie maçonnique dirigée par G. Ler-
bet. E.D.I.M.A.F. Paris, 1999.
108. LINDSAY R., *The Scottish Rite for Scottland* ; cf.
Ligou D., *Dictionnaire…*, *op. cit.*, articles « Lindsay » p.
760 et « Rit Écossais Ancien et Accepté », pp. 1123-1125 ;
cf. article « *Bertin du Rucheret* », pp. 142-143.
109. LIGOU D., *op. cit.*, articles « *Derwentwater* » pp.
384-385 et « *Mac Leane* » pp. 790-791.

L'on voit par là combien, malgré la funeste excommunication de 1738, l'Écossisme en France, et en général sur le continent, se voulut toujours un pont jeté entre l'Ordre maçonnique et l'Église catholique... Ligou ajoute même : «des rapports n'ont jamais cessé d'exister entre la Maçonnerie régulière et l'Église»[110]. En 1737, c'est un Prince du sang le Duc de Bourbon Condé, Comte de Clerc, petit fils du grand Condé qui devient Grand Maître de la Grande Loge de France et de qui le roi lui-même fut le parrain. Selon P. Chevallier le monarque lui-même aurait été secrètement initié. En 1740, c'est le Duc d'Antin constant favori de Louis XV malgré qu'il eut souvent défrayé la chronique scandaleuse d'un siècle qui fut si scandaleux, qui accède à la Grande Maîtrise... L'Ordre maçonnique est donc installé dans les allées principales du Pouvoir et il n'a plus — si toutefois il n'en a jamais eu ! — de précautions à prendre pour la sécurité de ses nobles affiliés.

Par ailleurs l'on sait que pour qu'une bulle pontificale — fut-ce celle de 1738 *In Eminenti* ou celle de 1751 *Providas*, interdisant à des clercs d'appartenir à la Franc-maçonnerie — ait force de loi en pays catholiques il fallait qu'elle fut «enregistrée» par les Parlements, or il n'en fut rien en France sous l'Ancien Régime, et il fallut attendre le Concordat... paradoxalement de 1801, pour que cette clause juridique, l'approbation parlementaire, fut supprimée. Donc c'est en toute

---

110. LIGOU D., *op. cit.*, article «*Église*» p. 1346.

quiétude que des catholiques et même des clercs purent au XVIIIe siècle en France se réunir en paix «sous l'acacia». Alors, si la «prudence» vis à vis du catholicisme et même du christianisme en général est suspendue par la totale subversion des «ducs» — et des Princes! — sous l'acacia, d'où vient ce silence constant dans la rituélique du IIIe grade, sur les narrations évangéliques du supplice, de la mort et de la résurrection «le troisième jour» du Messie des Chrétiens?

Il nous semble que les raisons de cette omission, de ce silence, soient plus profondes que celles invoquant une simple prudente discrétion. Elles se résument dans la constatation d'un des rares «philosophes» d'une Franc-maçonnerie qui, cependant, fut bien fournie en «philosophes de salon ou de ruelles» […] Le Comte savoisien, de langue française, Joseph de Maistre nous donne la clef pour comprendre cette substitution à un homme-Dieu ayant pour lui et avec lui l'histoire de dix-huit siècles d'un Occident christianisé, d'un incertain Hiram, quasi anonyme malgré quelques versets de la Bible et figurant bien «l'homme quelconque», l'homme *lampda* comme on dit de nos jours, qui souffre, est odieusement assassiné, mais est promis à une «résurrection» — une «réintégration» comme écrira le contemporain du Comte savoisien Martines de Pasqually — emblématique de tout destin humain enfin «éclairé». Maistre — qui est, si l'on peut dire, «doublement» maçon, et par son initiation à une Grande Loge savoisienne «Les Trois Mortiers» rattachée à la Grande Loge de Londres par le Duc de Bedford et secondement par son rôle fondateur de «l'Écossisme Rectifié» avec ses amis lyonnais — ose écrire que la Franc-maçonnerie est un «christianisme transcendant».

L'expression apparaît dans le fameux *Mémoire au Duc de Brunswick* et à l'attention du Convent de Wilhelmsbad qui se tint du 15 Juillet au 1er septembre 1782 et officialisa la victoire des courants maçonniques alors tous spiritualistes, Philalète de Savalette de Langes, Stricte Observance Templière du Baron de Hund, et les *Aufklärer* — qu'il ne faut pas confondre comme l'a fait trop complaisamment l'abbé Barruel avec les «Illuminés de Bavière» — et justement tous dressés contre l'«entrisme» — comme on dit de nos jours où les Respectables Loges ne sont pas à l'abri de telles vicissitudes — de l'organisation d'Adam Weishaupt, organisation qui est de façon patente selon Ligou «une entreprise avérée de sédition».

Dans le système que Maistre proposait au Duc de Brunswick — et qui est très proche de ceux de leurs contemporains et concurrents, comme nous l'avons montré, les Philalètes de Savalette de Langes, le Clericat de J. A. Starck, et enfin l'inspiration dramaturgique (1803) de Zacharias Werner coiffant les infortunes Templiers de mystérieux «Fils de la Vallée» — et tout en tournant le dos (nous dirons plus loin pourquoi…) au souchage templier, c'est le dernier des trois grands degrés de l'Ordre tel que l'entend le «grand Profès» *Josephus a floribus* qui peut être taxé de «christianisme transcendant»[111].

---

111. BLUM J., *J.A. Starck et la querelle du crypto-catholicisme*, Éditions Alcan, Paris, 1912.

Chez Maistre comme chez Savalette tout le système hiérarchique de la Maçonnerie, sorte « d'Université initiatique » dont le 1er degré — formé par les trois grades de la Maçonnerie Symbolique héritière de la Maçonnerie opérative — et que Savalette nommait, se remémorant les *collegia* romains, « collège », était une sorte de noviciat, véritable vivier où devaient se révéler et se pêcher — l'image est évangélique ! — les esprits capables d'une spiritualité plus haute. Le second degré — très nettement « chevaleresque » chez Savalette — sera voué chez Maistre, non pas à une défense (encore moins à une « vengeance » !) directe, mais à une oeuvre de patience accueillante, de volonté œcuménique — bien proche des intentions andersoniennes ouvertes, comme l'a bien montré Alec Mellor à « la religion dont conviennent tous les hommes » : *That Religion in which all men agree…* [112] — combat pacifique pour la réunification des églises, pour la réunification réparatrice de la tunique tant déchirée du Christ… Réunification qui transcenderait toutes les querelles séculières, aussi bien celles dues à l'« orgueil théologique des clergés » (*sic*) que celles résultant du pragmatisme des gouvernements. Par cette « transcendance »

• GUINET L., *Zacharias Werner et l'ésotérisme maçonnique*, Éditions Mouton, Paris-La Haye, 1962.

• Cf. DURAND G., *Un Comte sous l'acacia*, *op. cit.*, pp. 83-88.

• CORBIN H., *Temple et contemplation*, *op. cit.*, pp. 399-406.

112. MELLOR A., *La Charte inconnue de la Franc-maçonnerie chrétienne*, Paris, 1965.

et dans une fraternelle rectification serait dévoilée l'essence même du Christianisme.

SAINT ANDRÉ D'ÉCOSSE

Et c'est, ce nous semble, pour de telles raisons de transcendance plutôt que par une prudence qui ne se justifiait plus alors sous le couvert des plus hautes autorités civiles et religieuses, Ducs et Princes, réunis sous l'acacia, que fut substitué volontairement à l'histoire racontée par les Évangiles «sous Tibère César» cette «fiction ingénieuse» qu'est la légende — avec maigres ancrages historiques! — d'Hiram. Cette dernière est en sorte la «quintessence» de tous les récits évangéliques: elle narre concrètement, mais sans références sérieuses à une valable historicité, «comment» le «pur humain» (*rein Menschlich*, dira R. Wagner), «comment» le juste et sa justice, l'architecte du Temple, la Lumière restée «incomprise», est trahie, mise à mort, et que cette «passion», cet attentat contre la Parole de Vérité, est finalement gage, garantie de résurrection. C'est ce que rappelle au côté d'Hiram sur le bijou du grade la présence figurée d'André sur la *crux decussata*.

Soulignons d'abord l'importance calendaire de la St André (30 Novembre) dans la liturgie romaine: c'est de la St André que part l'année liturgique. Il faut nous arrêter un peu sur les articulations du «comment» de la légende de St André *prôtoklétos* «le 1er appelé» frère aîné de Pierre, évangéliste de la Scythie — donc historiquement revendiqué par l'Église grecque comme par l'Église russe en concurrence à la

Rome de son cadet St Pierre. Dans cette accep-
tion un peu polémique le *prôtoclétos* est devenu
le Saint Patron de la Grèce comme de la Russie où les reliques du Saint auraient été trans-
férées depuis Patras. Mais les Écossais
prétendaient que c'est dès le IVe siècle que les
reliques furent transportées en Écosse, où la
Croix de St André figure sur le blason, et sur
«l'union jack» du Royaume Uni voisine avec la
Croix de St Georges, patron de la Chevalerie…
De même cette *crux decussata* figure sur le blason des ducs de Bourgogne, les Burgondes se
disant venus de Scythie. Les chevaliers bour-
guignons du fameux Ordre de la Toison d'Or
créé par Philippe le Bon (1433) portaient, bro-
dée sur leur manteau une *crux decussata* et leur
cri de guerre était «mont joie Saint Andrieu!»
Si l'on en croit L. Réau ce n'est qu'à partir du
XVe siècle que la *crux decussata* s'installe dans
l'iconographie de St André, sous l'influence du
«Grand Duché d'Occident», la Bourgogne. Mais
d'après l'enquête que nous avons menée aux
Açores en 1984 en compagnie de P. G. Sanso-
netti et de G. Gusdorf[113] il semble bien que le
Portugal — par l'intermédiaire de ses rois d'origine bourguignonne — ait adopté la *decussata*,
faite des branches écotées d'un «briquet à fric-
tion», comme emblème du feu du St Esprit…
Il y aurait beaucoup à dire sur ce sujet si l'on

---

113. Cf. *Colloqio intern. de symbologia* (1984), Istituto
histor. da Ilha Terceira, 1985.
• Cf. REAU L., *Iconographie de l'Art Chrétien*, t. III,
Éditions PUF, Paris, 1958.

songe à la pression joachimite qui s'est manifestée par les franciscains dans le culte lusitanien du St Esprit... Et le rêve d'un «âge des lys», d'un règne du St Esprit fut commun à tout un courant joachimite où des penseurs comme Maistre ou Saint Martin ne furent pas étrangers... Disons pour faire court qu'André «l'homme véritable» se distingue du Christ Jésus par une crucifixion insolite, comme Hiram distingue sa «passion» de celle du Christ par un assassinat insolite, André et Hiram même symbolisme anthropomorphique.

WHICH ALL MEEN AGREE...
Et eam non compreenderunt

Certes, mais il reste à établir «comment» les paradigmes du Juste persécuté, des ténèbres menaçantes peuvent tant s'affirmer dans les «vertus» maçonniques. «Christianisme transcendant», «aîné» par rapport au particularisme des églises, comme André fut l'aîné de Pierre et le premier appelé... Mais du même coup *religiosus* immament comme l'avait défini le pasteur Anderson...

C'est que Maistre jusqu'à la fin de sa vie, et comme le prouve tant le *Traité d'illuminisme* sous-titre des *Soirées de St Petersbourg*, aussi bien que le Traité du *Pape* tant imprégné d'une infaillibité temporelle (telle que celle que feront triompher les Jésuites réhabilités, au Concile de Vatican I en 1870) fut à la fois fidèle à son éducation jésuitique et à son illuminisme maçonnique. C'est qu'en 1738 répétons-le, les excommunications pontificales de Clément XII et de Boniface n'avaient en France pas plus que dans les États de Sardaigne aucune autorité légitime si elles n'étaient pas enregistrées par le Parlement et par le Prince — n'oublions pas que la capitale des Ducs de Savoie fut la résidence d'un des premiers «Parlements» d'Europe, un «Sénat» qui avait un pouvoir exécutif plus ancien et aussi jaloux de son autorité que les Parlements de France... L'on pouvait sans scrupules s'avouer à la fois comme disciple des Jésuites et comme «Chevalier Grand Profès» — degré Suprême! — d'un Rit maçonnique [114] [...]. D'ailleurs ne peut-on constater que les Jésuites avaient toujours soutenu les droits jacobites des Prétendants catholiques réfugiés à st Germain en Laye d'abord, puis à Rome? En plein accord avec l'Écossisme renaissant sur le continent la Compagnie de Jésus s'opposait radicalement aux prétentions politiques des Tudor puis des Hanovre de Londres... Bien plus, aux yeux de certains et bien qu'ils ne l'avouassent jamais les Jésuites et leur succès foudroyant en à peine un siècle, n'étaient-ils pas un nouvel ordre de «chevalerie spirituelle» aux seuls services de la Souveraineté pontificale, comme l'avait été trois siècles plus tôt l'Ordre souverain des Tem-

---

114. Voir la préface de J.M. AUZANNEAU-FOUQUET, livre de P. GIRARD-AUGRY, *op. cit.*, *Les Hauts Grades chevaleresques de la S.O.T.*, p. 14. La conduite des Jésuites «est un mélange de sévérité et de bienveillance ainsi que le montrait l'étendard de guerre des Templiers, mi-partie de sable et d'argent. Comme le Temple, la Compagnie ne relève que du pape et va s'étendre très rapidement [...] »

pliers? Et même la fortune si rapide des deux
ordres ne supportait-elle pas la jalousie de deux
papes ayant perdu tout sens de l'autorité? L'un,
Clément V, Philippe de Got l'homme lige de Philippe le Bel et de ses légistes, contresignait du
haut de sa chaire avignonnaise le scandaleux décret
de destruction et d'arrestation des Templiers français, l'autre, Clément XII (1738) et son successeur Clément XIV (1773) excommuniaient aussi
bien l'ordre maçonnique que détruisaient la Compagnie de Jésus, elle-même, tandis que le pape
Pie VII réclamait la démission des quarante et un
évêques qui avaient résisté à la tourmente révolutionnaire, signant un Concordat, le premier en
date, avec une nation hors chrétienté en 1801[115]?

Il ne s'agissait plus, comme le note G.
Gusdorf «d'un État chrétien dialoguant avec le
Chef de l'Église catholique, mais bien d'un État
a-thée, ou au moins neutre… qui pose et impose
ses conditions en vue d'une application à une
confession déterminée». D'ailleurs n'est-il pas
significatif que ce sont les Jésuites qui, en notre
siècle, inspirèrent un rapprochement de l'Église
catholique et de la Franc-maçonnerie, et spécialement après 1945 avec les P. Riquet (1961),
les conférences du P. Wildien, les écrits du Père
Berteloot et enfin celle de laïc comme Alec Mellor ou J. Tourniac?

_____

115. Gusdorf G., *Dieu, la nature et l'homme au siècle
des Lumières*, Éditions Payot, Paris, 1977, p. 249.
   • Durand G., *Beaux-Arts et Archétypes, la religion de
l'art*, PUF Paris, 1989, p. 454 et ss.

La légende d'Hiram, acceptée comme fondatrice par la Franc-maçonnerie se plaçait de façon transcendante par rapport aux histoires narrées par les Évangiles et constituait un terrain de rencontre où ne pouvaient se déclarer ni les querelles relatives au «filioque» qui avait déchiré la robe du Christ pendant des siècles, ni entrer dans les problèmes difficiles de la transsubtantiation eucharistique, ou de l'immaculée conception de la Mère de Dieu qui ont férocement divisé les Chrétiens au cours des siècles... Hiram, tout comme André «l'écossais» ramenait la méditation maçonnique à ses sources andersoniennes de «la religion dont conviennent tous les hommes». Mais le mythe d'Hiram, de la même façon dont il confluait avec l'histoire évangélique du Juste persécuté, mis à mort, puis ressuscité comportait un ferment de «vengeance» du meurtre de l'Architecte du Temple qui allait rejoindre un mythe bien tenace, spécialement dans les chrétientés continentales : celui de la destruction des moines chevaliers du Temple, ordre fondé par St Bernard lui-même, et appelant lui aussi une justice qui allait se confondre avec la vengeance du meurtre d'Hiram par neuf maçons ressuscitant le Maître Hiram sous la brindille d'acacia et y découvrant la parole perdue...

CHAPITRE IV

Le mythe du souchage chevaleresque et templier

Tout a changé. Il est vrai que vous voyez toujours les mêmes frères devant vous, mais ce ne sont plus des Maçons. ...vous-même n'êtes plus le même, mais à partir d'aujourd'hui un Novice de notre Ordre. Car le métier de maçon est fini et bientôt vous devrez nous ressembler et voir toute la Vérité.
RITUEL DE NOVICIAT DE LA STRICTE OBSERVANCE TEMPLIÈRE.
Cité par P. Girard Augry, Les Hauts Grades de la S.O.T. au XVIIIe siècle, p. 113.

LA VENGEANCE

Nous venons de signaler brièvement comment le mythe du souchage chevaleresque de l'Ordre, par l'intermédiaire du drame historique et de ses surcharges légendaires de la terrible destruction de l'Ordre du Temple, venait prolonger l'appel à une justice vengeresse qui retentissait déjà dans l'assassinat d'Hiram par trois fourbes compagnons. Mais cette «vengeance» que l'on prête complaisamment au haut grade de «Grand Élu Chevalier Kadosch» (30ᵉ degré) R.É.A.A. où le décor de la loge impressionne vivement par le «bras nu brandissant un poignard» qui figure au centre de l'Orient en — dessous du dais magistral et que l'impétrant trouve dans les «objets» de la «caverne de préparation»[116]. De plus cette litanie de poignards se continue dès l'entrée du récipiendaire, accompagné du cri de «Vengeance!» répété trois fois, toutefois hélas cette «vengeance» fut liturgiquement prise en charge par l'Église et le peuple chrétien qui dénonça toujours — jusqu'au récent Concile de Vatican II en 1965 — le «peuple déicide» et se fit complice des pires exterminations des juifs européens: la «vengeance» s'installait pour des siècles du côté des bourreaux et non du côté des victimes, habitude perverse et hélas, durable jusqu'à nos jours où les bonnes âmes continuent à pleurer sur le châtiment des bourreaux mais se taisent sur la douleur et le dol des victimes... Cette persistance chrétienne d'une politique de persécution des non chrétiens se manifesta avec continuité dès le Concordat — inspiré par le Cardinal Pacceli, nonce apostolique auprès du IIIe Reich, futur pape Pie XII — signé en 1933 avec l'État nazi triomphant. Mais la «vengeance» dont hérite la Franc-maçonnerie en brandissant ses poignards contre les assassins d'Hiram et contre les iniques bourreaux des «pauvres chevaliers du Christ», les Templiers pratiquement liquidés en France par

---

116. NAUDON P. *Histoire et Rituels... op. cit.*, p.256. Annexe IV «Rituel de Chevalier Kadosch» (1765 environ), Cf. TOURNIAC J. *Principes et problèmes du Rit Écossais rectifié et de sa chevalerie templière*, Éditions Dervy, Paris, 1969.

le roi Philippe le Bel et le Pape Clément V son complice est bien plutôt une justice rendue contre l'iniquité des assassins d'Hiram ou de Jacques de Molay.

Se venger d'une injuste vengeance n'est-ce pas une justice telle que celle que définit justement la fameuse loi du Talion (Lv XXIV. 17-22). D'ailleurs la confusion entre l'assassin d'Hiram et celui des infortunés Templiers se trouve explicitement dans un rituel de 1806 au « 5ᵉ grade de la nomenclature du « Rit d'Orient » suivant le Frère Fustier », que nous rapporte Pierre Girard-Augry [117]. « Trois » chevaliers du Temple nommés Florianus, Noffodei et Eures ayant été sanctionnés « pour de bonnes raisons » par Aumont, Grand Prieur de France, résolurent de s'en venger. Ayant été à leur demande convoqués par le Grand Prieur en « l'endroit le plus retiré de sa maison », remplis de colère, de rage et de vengeance « se jetèrent sur lui et l'assassinèrent. Ils enterrèrent le corps dans le jardin. « L'Ordre ayant appris le crime de ces trois chevaliers, les fit arrêter et jeter en prison ; mais Philippe le Bel qui, depuis longtemps, cherchait le moyen de détruire l'Ordre… saisit cette occasion et réclama ces chevaliers comme Français ». Il fut en cela soutenu par le pape français Clément V. L'Ordre fut donc obligé de livrer au roi Philippe les trois assassins que ce dernier combla de biens et sur les dépositions desquelles le roi et le pape firent arrêter tous les officiers et les chevaliers de l'Ordre du Temple ».

---

117. Girard-Audry P. *op. cit.* p.145.

L'on voit donc que cette histoire des «trois Chevaliers félons» est une transposition de la légende des trois assassins d'Hiram, ce par quoi se relie le meurtre d'Hiram, injustement assassiné et la légende des «pauvres chevaliers» iniquement détruits et partis hors de ce monde dans la fumée des bûchers.

LES TEMPLIERS CALOMNIÉS

Un problème préalable se pose toutefois : comment Joseph de Maistre, l'un des inspirateurs du Convent de Wilhelmsbad et malgré le climat de déploration sur les Chevaliers du Temple si brutalement supprimés qui régnait si fortement dans la Stricte Observance Templière, a pu toujours refuser énergiquement le fameux souchage templier qui demeurera cependant une structure fondamentale, tant dans l'organisation du R.É.R. que dans la structure des Hauts Grades ? Il ne faut jamais perdre de vue, dans les fidélités du Comte savoisien que ce dernier, s'il fut jusqu'au bout respectueux de la Lumière maçonnique, resta toute sa vie le disciple reconnaissant des Jésuites. Il participa donc à cette solidarité de pensée dont ne se départit jamais l'ordre fondé par Ignace de Loyola. Or ce dernier se voulait être la seule «chevalerie» entièrement fidèle à l'autorité pontificale. Un bel exemple de cette solidarité s'est manifestée de nos jours dans l'intervention que fit le R.P.Riquet (S.J.) au Colloque consacré à Joseph de Maistre[118], tenu à

---

118. Voir dans *Revue d'études maistriennes*, DARCEL J.L. nos 5-6, Éditions Les Belles Lettres, Paris, 1980.

Chambéry les 4 et 5 Mai 1979, où mon ami Michel Riquet eut le courage de soutenir une défense pour ce «sot» et ce «monstre» (Rivarol) que fut le P. Augustin de Barruel ayant prononcé ses voeux à la Compagnie de Jésus en 1758... Car pour un Compagnon de Jésus, un jésuite ne peut être ni «sot» ni «monstre». Une solidarité de l'Ordre joue à plein de la même manière d'ailleurs que dans l'Ordre maçonnique. Riquet ajoute «contrairement à ce qu'on lui fait dire, Barruel ne prétend pas que la Révolution française et le jacobinisme ont été l'œuvre même de la Franc-maçonnerie en tant que telle». Et Maistre manifesta toute sa vie une telle solidarité. C'est ce qui explique qu'il ne pouvait en rien souscrire à une filiation spirituelle[119] avec l'Ordre du Temple qui avait été «aboli» au Concile de Vienne (1312) par le pape Clément V «suppression irréfragable» sur laquelle ne revint jamais l'Église romaine dans ses modernes «repentances». Maistre ne pouvait donc admettre que les Templiers aient été les précurseurs des Frères Francs-maçons et *récusa le souchage chevaleresque*. C'est en ce sens qu'il fit pression sur le Convent afin que les Francs-maçons ne fussent pas reconnus comme successeurs historiques des Templiers, bien qu'ils «entretinrent une certaine relation ou analogie avec ces derniers». Et pourtant le système de la Stricte Observance Templière (S.O.T.) qui couvrit les conclusions du Convent de Wil-

---

119. DARRAS J.E., *Histoire générale de l'Église*, t. III, Louis Vivas éditions, 1890, pp. 437-454.

helmsbad, qui avaient été adoptées d'abord par les «frères» lyonnais — d'où allait germer le R.É.R.- se déclarait totalement continuateur de la Chevalerie «orientale» des Templiers. Ce n'est qu'à partir de la seconde moitié du siècle (le *Discours* de Ramsay est de 1736) que la légende néo-templière, très nettement dans la Stricte Observance Templière, répandit le récit de la succession du Maître Jacques Molay par Pierre d'Aumont, Grand Maître Provincial d'Auvergne, réfugié avec ses chevaliers en Écosse et qui «pour n'être pas reconnu s'affublèrent du costume des ouvriers maçons» (*sic*)... [120] « Pour se soustraire aux persécutions les frères adoptèrent des symboles pris à l'architecture et se qualifièrent de maçons-libres ou francs-maçons» (*resic*).

Cette légende d'un souchage templier via l'Écosse, fut propagée par tous les systèmes dits «templiers» du XVIIIᵉ siècle. On peut toutefois se demander si la légende du souchage n'a pas été également répandue par les dénonciations hyperboliques et délirantes de Charles-Louis Cadet Gassicourt [121] qui, en 1797, publie, anonymement *Le Tombeau de Jacques Molay*, reprenant les écrits, édités en 1713 puis réédités en 1775 de Dupuy dénonçant pêle-mêle la parenté maçonnique de tous les rebelles et les régicides : Rienzi, Cromwell, Jacques Clément, etc. Mais surtout, c'est ce virulent dénonciateur (qui cependant devait se faire... initier en 1805, en la Loge

---

120. GIRARD-AUDRY P., *op. cit.*, p. 49.
121. Le FORESTIER R., *op. cit.*, pp. 851 et ss.

l'Abeille, à la Franc-maçonnerie abhorrée !). Mais ces élucubrations ont le mérite de nous apprendre l'alliance — pressentie par beaucoup : Terre Sainte oblige ! — des Templiers avec la secte ismaélienne des « assassins » (*Haschichin* : « consommateurs de haschisch ») grâce à une imparable constatation : « Le Maître de la loge siège à l'Orient, parce que c'est en Orient que l'Ordre des Templiers commença à fleurir [...] » (*sic* !). Mais là où Cadet-Gassicourt ne voit qu'un contact (une « diffusion » !) historique, Ramsay décèle plutôt une résonance symbolique entre l'Écossisme, le piétisme qu'il hérite de Madame de Guyon et de Fénelon, et éventuellement un souffle spiritualiste chevaleresque venant d'Orient.

C'est bien en effet, semble-t-il, le Chevalier irlandais Andrew Michael Ramsay, exilé à la cour du Prétendant à Saint Germain en Laye qui consolida la légende templière du souchage. Très lié à l'archevêque de Cambrai Fénelon à qui il consacre une étude biographique (1710-1714) puis secrétaire de la célèbre Madame Jeanne-Marie Bouvier de la Motte Guyon du Chesnay, propagandiste en France du quiétisme enseigné par l'abbé espagnol Molinos. Les spéculations de Ramsay ne pouvaient échapper à une doctrine qui prêchait un abandon — très augustinien ! — total en Dieu. Un tel quiétisme ne pouvait pas demeurer sans échos avec une philosophie maçonnique installant à son faîte une Toute Puissance d'ordre bien-faisant : le Grand Architecte. C'est Ramsay, persuadé qu'en dehors de toute diffusion se manifeste une connivence spirituelle, qui propose « dans la suite des Tems » (*sic*) l'exemple d'une «nation spirituelle». Rejetant les origines fabuleuses de la Franc-maçonnerie qui se réclamait de Salomon, de Moïse, «de Noé même» (*sic*), le Chevalier irlandais revendique pour seule véridique origine de l'Ordre maçonnique les «Princes, Seigneurs et Citoyens Croisés pour la guerre sainte».

L'ÉPÉE

De même que les gants et le tablier sont des emblèmes qui ne quittent jamais une cérémonie maçonnique l'épée est l'accessoire permanent de toute manifestation rituélique. Non seulement elle est «rendue» par l'initiateur à chaque nouvel initié, ce qui a fait couler inutilement beaucoup d'encre en avançant, entre autre, que ce port de l'épée constant en loge était un signe de revendication «égalitaire» d'un Tiers-État maçonnique contre le privilège du port de l'épée nobiliaire, mais encore elle joue un rôle précis dans le rituel initiatique qui l'utilise réellement comme un instrument d'adoubement. Dès la réception au 1er grade [122], le «Cherchant» devenant un «Souffrant» effectue ses «voyages» la pointe de l'épée «appuyée» sur le cœur, «faible emblème des dangers» qui l'entourent. Dès qu'au candidat est «donnée la lumière» il voit tous les frères «debout, l'épée en main, la pointe tournée vers le nouvel apprenti». Enfin l'épée est «rendue» à ce dernier, avec les métaux, le chapeau, et le don des gants blancs et du tablier... Soulignons aussi, non seulement le port de l'épée — de la main gauche

---

122. *Rituel du grade d'Apprenti, op. cit.*, 1782.

laissant la main droite libre pour l'accomplissement des «signes» de grade — dans tous les gestes
rituéliques de tous les frères, mais encore le port
de la fameuse «épée flamboyante» (c'est-à-dire
une épée dont la lame est sinueuse et non plus
droite) emblème des pouvoirs du vénérable Maître
et dont l'origine symbolique peut être ces «Kérou-
bim» qui, dans la Bible (Gn III. 24), gardent l'accès du chemin qui conduit à l'«arbre de vie»[123].
Elle sert, dans l'initiation maçonnique comme
dans les rituels d'adoubement des chevaliers, portée de la main gauche et touchant de son «plat»
la tête puis les épaules du candidat à conférer à
ce dernier le rôle et les devoirs de l'antique chevalerie. L'épée, soit qu'elle menace, soit qu'elle
protège rappelle donc toujours à la vigilance. Il
est bien remarquable que Ramsay fait passer en
premier dans l'ordre de succession de ses fondateurs «l'Ordre des Chevaliers Hospitaliers de Saint
Jean de Jérusalem». «Dès lors et depuis nos loges
portent dans tous les pays le nom de loges de
Saint Jean»[124]. Ces Hospitaliers, en effet, historiquement précédèrent les Templiers en Terre
Sainte de près d'un bon siècle avant l'invasion
des Croisés. Mais l'on sait toutefois combien le
prestige de l'Ordre aîné fut éclipsé — spécialement en France — par le drame historique de

---

123. BOUCHER J., *op. cit.*, p. 59.
124. Thourot-Pichel (Colonel), *History of the Sove-
reign Order of Saint John of Jerusalem*, Pub, Crux News
Service Shickshinny, 1957.
 • TAUBE M. de, *L'Empereur Paul Hier*, *Grand Maître
de l'Ordre de Malte et son «Grand Prieuré Russe de l'Ordre
Saint Jean de Jérusalem»*, Paris, 1955.

l'extermination que dut subir l'Ordre cadet des
Templiers. Bien plus, la simple désignation offi-
cielle de «subrogateurs» des biens du Temple
décernée aux Hospitaliers inclina l'opinion
publique à ne voir en ces derniers que de per-
fides complices de la destruction du Temple!
Alors que cette procédure était en quelque sorte
une ultime et bien vaine parade pontificale contre
l'appétit politique et économique du roi de France.
Constamment il existe chez bien des maçons une
confusion et une ségrégation : confusion des Hospitaliers devenus par force Chevaliers de Malte,
ordre purement pontifical après la prise de Malte
par Bonaparte (1797) et ayant perdu sa «souveraineté», et ségrégation entre les bons Templiers
persécutés et leurs subrogateurs.

MELIORA PRAESUMO

Mais ce souchage chevaleresque a une
autre conséquence. Il récuse le passé purement
«maçonnique» auquel a été formé jusqu'ici l'initié : «les allégories desquelles nous vous avons
entretenu jusqu'alors *se sont arrêtées* (nous qui
soulignons)… Tout a changé… l'assemblée où
vous êtes entré aujourd'hui n'est plus une loge
d'Apprenti, de Compagnon et de Maître […]»
Cette rupture par rapport aux trois degrés symboliques (bleus) de la Maçonnerie est encore
accentuée tant dans la Stricte Observance Templière [125] qu'au 4e grade du R.É.R. par la contemplation d'un tableau et sa sentence : un lion

---

125. GIRARD-AUDRY P., *op. cit.*, «Réception d'un
novice laïc» (à la S.O.T.), p. 113.

tranquillement couché loin de l'orage et jouant avec des «outils mathématiques» sous la sentence *Meliora praesumo* («j'en présume de meilleurs») laisse entendre qu'après les respectables certitudes de la résurrection d'Hiram (rituel du 3ᵉ grade, de Maître), cette image étant alors au 4ᵉ rappelée (R.É.R.) par un tableau montrant «le maître Hiram dégagé de ses linceuls, ressuscitant et sortant glorieusement de son tombeau» (*sic*), le novice voit s'ouvrir la promesse d'un «ciel nouveau et une terre nouvelle» (Ap. XXI. 1), monde sauvé de la mort et des ruines successives du Temple, et on signale alors (R.É.R. 1782) «le pas que vous allez faire est le dernier dans la carrière maçonnique symbolique. Une nouvelle carrière s'ouvre dans laquelle les symboles disparaîtront entièrement». Le Député-Maître (c'est ainsi que se nomme le Maître de la loge écossaise) dit encore à celui qu'il reçoit «Maître Écossais de St André» et qu'il arme de son épée «pour votre défense et celle de vos frères» (R.É.R. 4ᵉ grade) [126] : mon Frère vous voilà, solennellement engagé à remplir vos *nouveaux* (nous soulignons) *devoirs*, plus strictement obligé que vous ne l'étiez à remplir en engagement contracté[…]» Comme le précise le rituel du R.É.R. au 4ᵉ grade, au maniement de la truelle il faut maintenant ajouter l'épée, aux vertus maçonniques (Justice, Tempérance, Prudence) il faut maintenant ajouter la Force. C'est l'union de la truelle et de l'épée que décrit le

---

126. Manuscrit J.B. WILLERMOZ 5922-4, Bibliothèque ville de Lyon, *op. cit.*,

Second Discours du Député-Maître à propos de la reconstruction du Temple par Zorababel qui met entre les mains des reconstructeurs «la truelle, certes, mais aussi l'épée» [127].

Meliora Praesumo.

---

127. Rituel général au grade de Maître Écossais, *op. cit.*

Toutefois à l'occasion de ces Discours de réception, s'introduit un *doute* au sujet du «relâchement» (*sic*) de certains frères, l'«unité des principes qui avait fait respecter la Franc-maçonnerie avait disparue», «faut-il s'étonner qu'il cessât d'être respecté lui-même lorsqu'il fut déchiré par ses propres membres»? Tel Esdras qui de la boue infecte ralluma le feu à l'autel du second Temple, le «Maître Écossais de St André» doit «purger les loges et leurs travaux... des abus et des systèmes nuls, faux et dangereux qui ne tendaient qu'à *défigurer* (*sic*) de plus en plus le saint but fondamental de l'Institution»[128]. Tels les trois mauvais compagnons qui assassinèrent Hiram pour «lui arracher le mot de Maître pour en usurper la paye» (*sic*) et de ceux qui accusèrent les frères Templiers de bien des crimes.

Lors de la Cérémonie de réception au 4e (R.É.R.) le bijou du grade «double triangle flamboyant» — «étoile de David» — portant en son centre la lettre initiale d'Hiram cette «nouvelle» (*sic*) étoile, c'est-à-dire celle qui succède à l'étoile flamboyante à cinq branches révélée au grade de compagnon, «avec tout ce qu'elle renferme doit être *désormais* (*sic*) le flambeau qui vous guidera dans la route qui vous est tracée», la remise du *nouveau* bijou accompagne le dévoilement du tableau du Lion et de la fameuse devise *Meliora praesumo*. L'ultime tableau du Grade (4e du R.É.R.) «le *dernier* qui vous sera offert...[129] *les*

---

128. Rituel général, *op. cit.*, IIIe Discours du Député Maître.

129. *Ibid.*, «Explication du IIIe tableau représentant Hiram sortant du tombeau».

symboles ont disparu comme on vous l'a annoncé. C'est la vérité même qui s'offre à vos regards [...] », et ce qui est présenté au « Maître Écossais » fraîchement reconnu n'est autre que l'enceinte de la Jérusalem Céleste où le Temple est remplacé par une Montagne socle de l'*Agnus Dei* triomphant « avec son étendard blanc et rouge environné de la gloire qui lui appartient ». A la suite de cette « révélation » suprême où l'Agneau remplace en « vérité » sur la Sainte Montagne, le Temple même de Jérusalem, le Député Maître conclut : « Je vous laisse ici, mon cher Frère, à vos propres réflexions [...] ».

LES FILS DE LA VALLÉE

Ce « doute » qui s'introduit, institutionnellement pour ainsi dire, au cœur du développement existentiel et culturel de tout l'ordre maçonnique même, *a fortiori* constitue l'un des thèmes de réflexion, spécialement au XVIIIᵉ siècle, sur le souchage chevaleresque, et plus spécialement « templier » qu'a suscité la condamnation et la destruction par l'Église de Rome — et plus spécialement en France où le pape Clément V était une créature du roi Philippe le Bel — de l'Ordre des « Pauvres Chevaliers du Christ ». Témoigne fortement de ce doute le « poème dramatique » édité à Berlin dès 1803[130], du « frère » Zacharias Werner dont Henry Corbin mit en

---

130. F. L. ZACHARIAS Werner, *Die Söhne des Thal's*, Ein dramatische Gedicht (1803), Berlin, 1813 ; cf. Corbin H., *Temple et contemplation*, *op. cit.*, pp. 399-409, Flammarion, Paris, 1980.

relief les ressorts dramatiques qui sont reflétés plus ou moins par tous les «templarismes» du XVIIIᵉ siècle. Werner, l'auteur d'une pièce sur Luther, se convertit au catholicisme et fut un ami de la célèbre baronne piétiste Barbara de Krüdener dont on connaît par ailleurs la liaison spirituelle avec le Tzar Alexandre Hier, mystique et inventeur de la Ste Alliance... Ce que souligne Werner c'est justement au XIIIᵉ siècle la «décadence» de l'Ordre du Temple, motivant et déterminant l'attente d'un nouveau séjour divin. Il ne s'agit donc pas de «ressusciter» les ruines de Zorababel mais de concevoir le souchage templier comme «l'œuvre d'un ordre supérieur caché derrière l'ordre historique du Temple». «Cette communauté cachée, ce sont ceux que l'auteur désigne comme les «Fils de la Vallée»[131]. Ce sont ceux qui seraient «privilégiés» sous le titre de «Chevaliers Kadosh» soit le 30ᵉ du R.É.A.A., précédé du 29ᵉ qui lui aussi, comme le 4ᵉ du R.É.R. reprend le titre «d'Écossais de St André d'Écosse». Le Chevalier Kadosh que le Rituel incarne dans le récipiendaire portant à la main «la tête coupée du Traitre (Abhiram!)» comme «plusieurs (des Maîtres Élus envoyés à la recherche du Traître) d'entre eux observateurs des lois qu'ils s'étaient imposés se *séparèrent* et furent appelés, à juste titre *Kadosh* qui signifie *saint* [...]» «...Comment les appelait-on? Pharascal (que Cadet-Gassicourt dramatise en «qui

---

131. GARTNER B., *The Temple and the Comunity in Qumran and the New-Testam ent*, Cambridge, 1965, pp. 27-29, 34-35, 77.

met à mort les profanes »!) — Que signifient ces mots ? — Séparés — Comment ? Par la sainteté de leur vie et la charité envers les pauvres [...] » [132] Si tant de déboires se sont abattus sur l'Ordre historique du Temple c'est « qu'il s'est rendu coupable d'une infidélité aux ordres de « la vallée ». N'était-ce pas là déjà le diagnostic d'Ezéchiel sur les causes de la ruine et de la destruction du Temple de Salomon ? (Ez VII, VIII, IX, etc.). Pour Ezéchiel aussi, la ruine du Temple réside dans l'idolâtrie qui a envahi les parvis et a fait se retirer en exil la Shekina, la présence divine... Ce fut le même « retrait », dans une autre culture, que celui du fameux Saint Graal, lui aussi reparti vers l'Orient. L'Orient mythique, comme l'Écosse légendaire se rejoignent l'un et l'autre dans l'immense mythologie de l'«ailleurs» comme le but de tous les exodes [133]. Et par le dramaturge allemand la destruction historique du Temple de Salomon, tout comme la destruction des Templiers au XIVe siècle résulte d'une trahison, tout comme — déjà ! — au XVIIIe siècle,

---

132. Rituel (1765. publié en Annexe IV in NAUDON P., *Histoire et Rituels*..., *op. cit.*, pp. 256-258.

133. H. Corbin insiste maintes fois sur ces «pertes» ou «occultations», *Temple et Contemplation*, *op. cit.*, pp. 240, 254, 291 et ss. Voir GUINET L., *Zacharias Werner et l'ésotérisme maçonnique*, Mouton, Paris/La Haye, 1962.
Sur l'énorme mythe-archétype du St Graal, voir BERTIN G., *La Quête du Saint Graal et l'imaginaire* (préface de G. Durand), Éditions Charles Corlet, 1997.
Voir *in* DURAND G. et Sun Chaoying, *Mythes, thèmes et variations*, chap. VI «Le Graal dans tous ses états», Éditions Desclée de Brouwer, Paris, 2000.

Franc-maçonnerie trahira le message sacré des Fils de la Vallée, troqué contre l'obscurantisme… du Siècle des Lumières! et spécialement — paradoxe! — des *Illuminati* de Weishaupt. Et une fois encore nous voyons chez le dramaturge, dans la IIe Partie (*Die Kreuzesbrüder*) de son texte, situer dans l'«Écosse royale de Robert Bruce le sanctuaire de la perpétuation du Temple» grâce au jeune chevalier Robert de Hérédom désigné par des «fils de la Vallée» — Eude et Astralis — pour sauver des profanations et de la destruction historique, le Temple Éternel.

Nous voyons donc qu'un faisceau de «faits» vient graviter autour de la notion de «chevalerie»: Supérieurs Inconnus ou cachés, Ordre Supérieur à celui des infortunés Templiers, séjours revivifiant en Écosse, rejoignent le leitmotiv maçonnique par excellence: la destruction du Temple… Le titre et la fonction de «Chevalier» recouvrent en grande partie les Hauts grades des différents rits. Cette pléthore de dénominations chevaleresques, souligne une fois de plus la procédure *redondante* de la mythologie maçonnique. Le dictionnaire de Ligou recense, dans les différents rits environ 320 titres de «Chevaliers», parmi lesquels: neuf dans la «Loge de Perfection» et le «Chapitre du R.É.A.A.» (au 11e «Sublime Chevalier Élu», au 13e «Chevalier de Royal Arch», au 15e «Chevalier d'Orient ou de l'Epée», au 17e «Chevalier d'Orient et d'Occident», au 21e «Chevalier Prussien», au 22e «Chevalier Royal Hache» (ne pas confondre avec le 13e degré «Royal Arch»!), au 25e «Chevalier du Serpent d'airain», au 28e «Chevalier du Soleil», au 30ᵉ enfin le célèbre grade de «Grand Élu Chevalier Kadosch» ou de «L'aigle blanc et noir».

Dans le Rit de Memphis devenu Memphis-Misraïm par fusion avec le plus ancien (Venise, 1788) rit de Misraïm, et sa fameuse et pléthorique collection de 90 ou 95 grades, on ne repère pas moins de 18 grades de chevalerie. Chez les Philalèthes de Savalette de Lange (1775) sur douze grades, quatre sont chevaleresques : les 6ᵉ, 7ᵉ, 8ᵉ formant le «chapitre des amis réunis» auquel s'ajoute le 12ᵉ «Maître à tous grades» ou «Chevalier à l'écharpe blanche». Dans le R.É.R. le grade de «Chevalier» — bienfaisant de la Cité Sainte — est le grade suprême renforcé par une Profession et une Grande Profession : Chevalier Profès de la Cité Sainte. Son éminence est soulignée par un armement en bonne et due forme et — héritage de la Stricte Observance Templière ? — par l'attribution d'un *nomen in ordine* accompagné d'une devise latine : c'est ainsi que le nom d'ordre de Joseph de Maistre — empruntant ce nom au blason profane de sa famille — était *Eques a floribus*, celui du baron de Hund *eques ab Ense*, celui du Duc de Brunswick *eques a Victoria*.

L'on pourrait souligner, dans les différents rits où se dit le titre de chevalier, les constantes redondances des qualificatifs de ce nom : c'est ainsi que «Chevalier de l'Aigle» est un titre qui se répète dans de nombreux rits : 37ᵉ du «Rit de Misraïm», 1ᵉʳ grade capitulaire «Chevalier de l'Aigle Blanc», 66ᵉ grade du «Rit de Misraïm» du chapitre de Clermont (qui serait à l'origine de la Stricte Observance Templière) «Maître Élu» ou « Chevalier de l'Aigle » au R.É.A.A., « Chevalier de l'Aigle blanc et noir » qui n'est autre que le fameux 30e, « Chevalier Grand Élu Kadosch », et, créé par Willermoz en 1763, le 1er grade « Chevalier de l'Aigle Noir » du chapitre Lyonnais des « Chevaliers de l'Aigle Noir », etc. On pourrait faire aussi un ample recensement en ce qui concerne le qualificatif chevaleresque de la Rose : « chevalier de l'Aigle et de la Rose-croix », grade pratiqué à Lyon en 1772 et à Strasbourg en 1774, « Chevalier de la Rose » créé par Jean Pierre de Chaumont, secrétaire du duc de Chartres devenu Grand Maître, tandis que « la Rose magnétique » (*sic*) apparaît au 12e degré des Philalètes, « Chevalier de la Rose et de la triple croix » figure dans la Loge St Louis à l'Orient de Calais, etc.

Le foisonnement des titres chevaleresques implique non seulement la « justicière » vengeance du meurtre de l'innocent Hiram aussi bien que la justice rendue à l'inique alliance du Roi de France (et ses successeurs « les Rois Maudits » dénoncés par le Grand Maître mourant sur le bûcher le 19 Mars 1314) et du Pape, mais encore implique un ultime « dépassement » — *meliora praesumo* ! — des certitudes acquises par l'exercice maçonnique aussi bien que par celui des infortunés Templiers. Les fils de la Vallée, tout comme leur refuge en Écosse appellent la reconstitution d'un ordre collectif d'une « Cité Sainte », « bienfaisante » où nul ne puisse laisser place à l'absolutisme d'un tyran, et où chaque demeure, chaque rue, chaque fortification, chaque règlement soit décidé par la Sainteté collégiale de la Cité.

CHAPITRE V

Mythe de la Cité sainte et Saint Empire

*Je n'ai pas vu de Temple dans la Cité
… car le Seigneur Dieu Dominateur
en est le Temple.*
AP. XXL. 22

*Car nos loges… où l'on apprend à
exercer la Bienfaisance dans toute son étendue
et ne sont point des écoles de théologie,
de politique ni d'autres objets profanes…*
Instruction finale du frère nouveau reçu
au 4e et dernier grade symbolique de
Maître Écossais. (R.É.R.)
M.S.5922-4 Bibl. de la Ville de Lyon

*Je fus un prophète envoyé à moi-même
à partir de Moi-même. Et c'est moi-même
qui par mes propres signes fut guidé vers Moi-même…*
IBN AL-FÂRIZ. Cité par H. Corbin. *Temple et
Contemplation*, p. 66.

LES GRADES DE SOUVERAINETÉ

De même qu'une quasi-statistique dans l'intitulation des Hauts Grades maçonniques des principaux rits (R.É.A.A., S.O.T., R.É.R., R.M.M., etc.) nous avait mis sur la voie de la constante, mais souvent latente dans ses intentions, des préoccupations « chevaleresques » — conséquences tant du mythe d'Hiram que des légendes plus ou moins historiques de la destruction de l'Ordre et des Chevaliers du Temple —, de même une quasi-statistique nous découvre dans les principaux rits (c'est-à-dire les rits à la fois les plus usités et les plus complétés) des grades répétés de «principat» et de «souveraineté». Rappelons ce qui différencie une quasi-statistique d'une statistique. Cette dernière retient un pourcentage et les comptages majoritaires indicatifs du «presque tous». La quasi-statistique retient la fréquence des redondances, le «quelques uns» significatifs.

Dans le plus élaboré de tous, le Rit Écossais Ancien Accepté, le «principat» est décerné dès les 16e et 18e : «Prince de Jérusalem» et «Souverain Prince Rose-Croix» (grades qui existaient déjà, à la même place hiérarchique dans les vingt-cinq grades du «Rit de Perfection»), tandis que les grades de «Souveraineté» s'intensifient en fréquence dans l'Aréopage (du 20e au 30e) ou après les deux principats au 24e degré («Prince du Tabernacle») et au 26e («Prince de Mercy-Ecossais Trinitaire») apparaît alors au 27e degré le «Souverain Commandeur du Temple de Jérusalem». Enfin l'ascension des degrés maçonniques se clôt au «Consistoire» et au «Conseil Suprême» par les titres hyperboliques de «Sublime Prince du Royal Secret» (32e) et de «Souverain Grand Inspecteur Général» (33e).

Au rit de Misraïm [134], les qualifications de souveraineté n'apparaissent que dans les «classes»

---

134. LIGOU D., *Dictionnaire…*, *op. cit.*, articles «Rit» de Memphis pp. 1111-1112 ; Misraïm pp. 1114-1115, Memphis/Misraïm p.1113.

supérieures et mêmes terminales. Dans l'ultime « classe », la 17ᵉ, nous trouvons les « grands Ministres constituant l'Ordre Souverain Grands Princes du 87ᵉ degré » ; la totalité des cinq degrés de la 16ᵉ classe (82, 83, 84, 85, 86 degrés) portent le titre hyperbolique de « Souverains Princes » de même que la totalité des grades de la 15ᵉ classe (78, 79, 80, 81), la 14ᵉ classe comportant deux grades, intitule son 76ᵉ « Suprême Conseil des Souverains Princes Haram » la 12ᵉ classe y ajoute, au 71ᵉ degré, un « Tribunal des Souverains Princes Talmudium », encore un « Très Sage israélite Prince » au 70ᵉ de la 11ᵉ classe, tandis qu'au 10ᵉ au 59ᵉ et au 60ᵉ degrés se trouvent les beaux titres d'«Élu Souverain » et hyperbole suprême, de « Souverain des Souverains », tandis que la série des dignités princières s'ouvrait au 45ᵉ grade de la 8ᵉ classe par « Prince de Jérusalem ».

Au Rit de Memphis, (que les « frères » de la Mission d'Égypte adoptèrent — sous l'obédience de Samuel Honis et de Marconis de Nègre) — pour ne rien devoir à l'ennemi abhorré : l'Angleterre), les titres princiers n'apparaissent qu'au 16ᵉ degré (hésitant d'ailleurs entre le titre de « Chevalier » et celui de « Prince » avec « Le Chevalier/Prince de Jérusalem ») et se mettent à déferler sur toutes les classes, de la 2ᵉ à la 7ᵉ et dernière, avec 18ᵉ « Prince de la Rose-Croix », 19ᵉ « Prince d'Occident », 25ᵉ « Prince du Tabernacle », 27ᵉ « Prince de la Mercy » ou « Chevalier de la Cité Sainte », puis surgissent des superlatifs : 31ᵉ « Souverain Grand Inspecteur, Chevalier Grand Kadosch », 33ᵉ « Souverain Prince du Royal Mystère », 39ᵉ « Prince du Zodiaque », 45ᵉ

«Roi des Pasteurs», 69e, «Prince de la Courtine Sacrée» (*sic*!), 75e «Souverain Prince des Secrets de l'Ordre», 76e «Souverain Grand Maître des Mystères», 77e «Souverain Maître du Sloka», 84e «Souverain Grand Inspecteur de l'Ordre», 88e «Sublime Prince de la Maçonnerie» et enfin les deux grades suprêmes : le 91e «Souverain Prince de Memphis, Chef du Gouvernement de l'Ordre» et le 92e «Souverain Prince des Mages du Sanctuaire de Memphis» […] Certes on pourrait continuer indéfiniment cette fructueuse collecte de «princes» et de «souverains» dans pratiquement toutes les associations maçonniques et tous les rits : 5e degré du Rit d'adoption «Souveraine illustre Écossaise», 10e du Rit dit «à dix grades» : «Princesse de la Couronne ou Souveraine maçonne», 10e degré «Souverain Prince Rose-Croix» du Rit de la Grande Loge «Royal York de l'Amitié» de Berlin, au 53e degré du Rit du chapitre métropolitain de France réapparaît un «Prince de Jérusalem», etc.

Une telle énumération d'une telle débauche de Hauts Grades «princiers» ou «souverains» peut d'une part lasser le maçonnologue, d'autre part et surtout alarmer le candidat à l'Ordre maçonnique. On a esquivé le problème en prétendant que cette boulimie de dignités ne serait due qu'à un sevrage des emblèmes de la noblesse suivi d'un défoulement chez des candidats la plupart issus du Tiers-État : épée, chapeau, sautoir à la couleur bleu ciel telle celle du fameux ordre nobiliaire «du Saint Esprit» fondé par Henri III. Mais cette thèse des revendications égalitaires des Franc-maçons, et que cite encore Ligou à l'article «égalité», ne tient pas à l'analyse sociale des populations maçonniques au XVIIIe siècle. Comme l'a fort bien montré Pierre Chevallier [135] le recrutement de l'Ordre demeure très aristocratique et «l'action des lieutenants de police de 1737 à 1745 s'est exercée surtout contre les roturiers, petites gens, cabaretiers, traiteurs *jouant* (nous qui soulignons) à la maçonnerie». Autrement dit il y eut «sous l'acacia» plus de Ducs et pairs, et même «le roi de France et son beau-père […]» que de boutiquiers, de chirurgiens barbiers ou de traiteurs. Le Duc d'Antin, arrière petit-fils de Mme de Montespan, le Duc Louis-Marie, Guy d'Aumont, Maréchal de Camp, puis Lieutenant Général, le Prince Pierre de Bourbon-Condé, petit-fils du Grand Condé, qui fut élu Grand Maître de la Grande Loge de France, le Duc de Châtillon-Montmorency, le Roi de Pologne Stanilas Leszczynski — beau-père de Louis XV — le Duc de Pecquigny puis de Chaulnes, le Duc Louis-François, Armand de Vignerot du Plessis, Duc de Richelieu, le Duc de Villeroy qui aurait initié Louis XV lui-même… et le grand nombre de marquis, de comtes, de barons, et nobles de toutes sortes, tous comblés d'honneur, qu'avaient-ils besoin d'aller en chercher dans les loges [136] ?

---

135. CHEVALLIER P., *Les Ducs sous l'acacia ou les premiers pas de la Franc-maçonnerie française*, 1725-1743, Éditions Vrin, Paris, 1964, p. 186,
 • Voir DURAND G., *Un Comte sous l'acacia : Joseph de Maistre*, E.D.I.M.A.F., 1999.
136. CHEVALLIER P., *ibid.*, Index pp. 220-230.

ÉGALITÉ ET HIÉRARCHIE

Aussi il faut se défaire de la légende des loges «égalitaires», le mot lui-même n'ayant été introduit que très tardivement avec la devise républicaine, en 1849. Ligou souligne que [137] «la Révolution a rarement utilisé la fameuse devise, ensuite elle ne s'est introduite dans les Loges qu'après 1860 et non sans sérieuses difficultés […]» Mais surtout le concept et la pratique même de «l'initiation» est *inégalitaire par définition* : l'initié est différent sinon supérieur au profane ! D'autre part toutes les organisations maçonniques, tous les «rits» ont toujours privilégié de pléthoriques hiérarchies. Nous venons d'entrevoir implicitement comment tous les grades (mêmes les trois premiers symboliques !) — par l'usage même du terme qui signifie «inégalité dans la hauteur» : «degrés» — que rappellent sans cesse les trois, cinq ou sept marches du temple et les «échelons» des échelles du 23e grade (R.É.A.A.) «Chef du Tabernacle» et au 26e «Écossais Trinitaire», sans compter l'échelle double du «Grand Élu Chevalier Kadosch» (30e du R.É.A.A. ; 65e du R.M.), bien loin de constituer un nivellement social ou politique, multipliant les différences de chaque niveau initiatique.

Revenons pour cela à la constatation que nous avons faite pour la France, mais qui s'applique aussi bien à l'organisation nobiliaire anglo-saxonne : comment se fait-il que tant les Ducs de Bedford père et fils, lord Charles Radcliffe Derwentwater, fils de Mary Tudor d'un côté,

---

137. LIGOU D., *op. cit.*, article «acclamations», p. 9.

que de l'autre tant de Ducs, Comtes, Marquis du gotha français, recensés par Pierre Chevallier ne se soient pas contentés de leurs titres nobiliaires bi ou tri-centenaires et n'aient pas négligé les, pour le moins curieux — et quelquefois extravagants ! — « Hauts Grades » maçonniques ? Nous effleurions au début de cette étude cette recherche du « pourquoi » de ce curieux phénomène qui se manifeste au XVIIIe siècle tant en Angleterre que sur le Continent. Disons brutalement et pour faire bref : c'est que dans les déchirements, les régicides, les dictatures puritaines de l'Angleterre, tout aussi bien que dans les incidents et catastrophes naturelles ou politiques qui suivirent la disparition de Louis XIV en France, l'ordre politique sur lequel avait reposé tout « l'ancien régime » tant outre-Manche que dans la France de la Régence et de la fin du XVIIIe siècle s'était peu à peu élimé. En particulier la Noblesse et sa longue tradition chevaleresque s'était réduite à une simple conservation de privilèges sociaux et économiques et même bien supplantée en ces domaines par un Tiers-État très « bourgeois gentilhomme » [138] ! La Grande-Bretagne, après des siècles de guerres religieuses, venait à peine de sortir d'une terrible guerre civile révolutionnaire et des dix ans de dictature puritaine d'Olivier

----

138. Voir PRENTOUT H., *Histoire de l'Angleterre*, Éditions Hachette, Paris, 1920.
• Mourre M., *Dictionnaire Encyclopédique d'Histoire*, 8 volumes. Articles « Grande-Bretagne » pp. 2035 à 2059, et « Angleterre » pp. 242-246, « Anglicanisme », pp. 246-248.

Cromwell, suivie — tout comme en France le large règne du pouvoir absolu de Louis XIV — d'un relâchement débridé des mœurs et des valeurs. Tant sous la nouvelle monarchie allemande des Hanovre, qu'en France sous la Régence, l'Angleterre de Robert Walpole n'avait rien à envier à la France de Law. En France Philippe d'Orléans usurpa la Régence tandis que la Grande Bretagne se donnait une dynastie allemande très loin de ses traditions insulaires.

Des deux côtés de la Manche s'installa une éthique très différente de celle qu'avait imposée les «puritains» de Cromwell en Angleterre et le jansénisme de Madame de Maintenon ou l'intégrisme en France des Jésuites, adversaire cependant du jansénisme. Dans les États de l'Europe, dont la Grande Bretagne des Hanovre et la France de la Régence, un «ordre» immémorial s'était effondré dans un «chaos» de toutes les valeurs qui menaçait les vérités reconnues par le christianisme malgré les blessures qui avaient progressivement déchiré depuis les «Réformes» la «robe sans couture» de la Chrétienté en complicité avec l'anglicanisme d'Henry VIII. L'inspiration maçonnique qui submerge au XVIIIe siècle, des deux côtés de la Manche, les institutions civiques, politiques et religieuses en déliquescence apparaît dans toutes ses manifestations si diverses, comme un immense désir de faire émerger de tant de *chaos*, un *ordre* qui retrouve le fil d'une pensée civique qui avait maintenu une culture toute entière pendant quatre siècles. C'est bien ce que signifie l'incroyable prolifération des titres nobiliaires de la

Franc-maçonnerie en pleine «explosion» de la nouvelle cité qui se cherche dans le chaos du XVIIIᵉ siècle borné par deux «révolutions» avortées l'une et l'autre, celle du «lord protecteur» et de son fils Richard ne dura *que sept ans* de 1653 à 1659, celle fameuse de 1789 ne dura *que cinq ans*… et l'une et l'autre suivies de Restaurations dont la française, la «thermidorienne» fut le modèle. Le dessein de la Franc-maçonnerie n'était ni la Révolution, comme l'a cru sommairement le P. Barruel, ni la Restauration, mais une substitution par une sorte de fondamentalisme et de réflexion fondamentaliste des anciennes valeurs qui avaient fait l'Europe pendant douze à dix-huit siècles. Et de même que l'Empire de Napoléon était bien contraint de reprendre à l'Ancien Régime les noms de ses anciennes hiérarchies, la Franc-maçonnerie reprit à l'ancien ordre nobiliaire les titres qui avaient couronné les sommets de sa hiérarchie : Prince, Souverain, etc. : en amont la dictature de Cromwell, en aval la Révolution Française. L'une et l'autre non pas aube d'une cité nouvelle, telle que pouvait la concevoir la rêverie maçonnique, mais glas sanglant, apocalypse inévitable de la fin d'un monde.

L'ORDRE SAINT DE LA CITÉ

Le symbolisme du Royaume et de ses offices est permanent aussi bien dans l'Ancien Testament que dans les Évangiles. Dans l'un ce sont seize Livres dits «historiques» dont deux portent le titre explicite de Livres des Rois, dans les autres — après les tribulations de la destruction du Temple, de sa reconstruction, des exils et des exodes — l'espérance de l'avènement du Royaume messianique est immense en Israël à l'époque de la prédication christique. Et dès la fameuse réponse (Mt XXI. 22, Lc XX. 26, Mc XII. 17) de Jésus aux Pharisiens « Rendez donc à César ce qui est à César »[139] ! La question des deux pouvoirs — le temporel et le spirituel, le Sacerdoce et l'Empire... — se trouve posée pour dix huit siècles...

Cette distinction de deux royaumes sera renforcée, dès l'officialisation politique du christianisme sous Constantin-le-Grand, par l'Édit de Milan (313) puis par la célèbre conversion de l'Empereur en 324. Le théoricien des deux cités sera bien entendu, et pour de longs siècles l'auteur illustre de *La Cité de Dieu*[140]. Ce traité est fondé sur l'antagonisme de deux cités : l'une la Cité terrestre adonnée aux cultes polythéistes des faux dieux, gouvernée par des démons et soumise aux seules passions humaines, en un nom : la Cité de Caïn, « à l'est de l'Eden [...] », et l'autre : la Cité Sainte, la Cité d'Abel, qui exerce le culte de l'unique vrai Dieu, dont le Christ n'est qu'un des trois aspects. Cette Sainteté politique a été entrevue par Platon, La Trinité divine par le païen Porphyre. Le problème de la répar-

---

139. La Sainte Bible, *op. cit.*, lexique pp. 1601-1675. Article « royaume » pp. 1658-1659.

140. MARROU H. I., *Saint Augustin et la fin de la culture antique*, 4e édit., Paris, 1948.

• Voir la très intéressante thèse de CAMBRONNE P., *Recherches sur les structures de l'imaginaire dans les Confessions de St Augustin*, Études Augustiniennes, Paris, 1982.

tition des pouvoirs entre «deux épées», l'une temporelle et l'autre spirituelle, ne cessera de hanter la conscience de l'Occident en particulier dans cette «lutte du Sacerdoce et de l'Empire» qui, pendant deux siècles — en gros de Canossa en Janvier 1077 où le futur Empereur germanique Henri IV s'humilia devant le pape Grégoire VII jusqu'à la seconde «victoire» de la papauté d'Innocent IV sur l'Empereur Frédéric II Hohenstaufen en 1245 — obséda toutes les politiques de l'Occident chrétien. Remarquons au passage que Frédéric, qui se fit proclamer roi de Jérusalem après avoir substitué à la croisade, lancée en 1227 par Grégoire IX, un accord avec le Sultan d'Égypte, fut toujours le sujet d'une tenace rumeur d'alliance secrète avec les musulmans. Dans sa résidence de Palerme il réunissait une cour toute orientale où se rencontraient savants et artistes chrétiens, juifs et arabes.

Il ne faut donc pas s'étonner que ce prestigieux et presque légendaire Empereur fut confondu «dans la légende maçonnique» avec le royal «frère» Frédéric II roi de Prusse, à qui on attribue les Grandes Constitutions fondatrices du R.É.A.A. signées le 1er mai 1786... (trois mois et demi après la mort du souverain en Janvier 1786). Si cette confusion que contredit l'histoire autorise à «remonter à un autre Frédéric II» comme le note Ligou[141], il nous est obligatoire de noter combien la notoriété légendaire du Hohenstaufen convient à la situation maçon-

---

141. LIGOU D., *op. cit.*, articles «Frédéric II», «Hohenzollern», «Grandes Constitutions»: «même si leur

nique gibeline, oecuménique, en rupture avec le pouvoir pontifical qui a toujours existé au cours des siècles, dans l'idéologie et l'imaginaire de la Franc-maçonnerie[142]. Jamais l'opposition belliqueuse entre guelfes et gibelins ne s'affirmera avec autant de violence entre la papauté, deux fois «excommunicatrice» de l'empereur (1227, 1239), et l'Empereur faisant arrêter les cardinaux en pleine mer (1241) et marchant sur Rome... Désormais, note Michel Mourre[143], «aucune réconciliation n'était possible...» Et c'est ce qu'allait illustrer dès le siècle suivant aussi bien le terrible procès des Templiers — la papauté résidant en France, et complice de Philippe le Bel — et au XIVe siècle la Bulle d'Or de 1350 où l'élection du Saint Empereur était confiée à sept électeurs dont quatre laïcs. Bulle d'Or préparée par le texte du *Defensor pacis* de Marsile de Padoue, ce texte fort commenté au XIVe siècle, précise cette séparation irréversible entre la sphère politique et le domaine ecclésiastique et pontifical. Se place bien entendu ici les réflexions de l'*altissimo poeta* de Florence (Monarchia, 1313).

Il est évident que la philosophie maçonnique ne peut que s'intéresser à la théorie politique du grand poète, né guelfe — mais de la tendance «blanche» la plus conciliante —

---

construction s'est édifiée autour d'un noyau de légendes, même s'il fallait pour en retrouver les bases remonter à un autre Frédéric II, l'Empereur philosophe du XIIIe siècle [...]» p. 328.

142. NAUDON P., *Histoire et rituels*, *op. cit.*, pp. 105-120.

143. MOURRE M., *op. cit.*, article «Frédéric II», p. 1891.

condamné à mort par les puissants « guelfes noirs » intransigeants, de Florence, et souscrivant dans ses écrits politiques à une position proche du gibelinisme. Certes Dante reprenait à son compte la division augustinienne de deux pouvoirs définissant les deux devoirs, deux « fins dernières », l'un comme membre d'une inéluctable communauté temporelle, politique, l'autre comme ouverte à son âme par la Révélation. Au pape et à son Église appartient le pouvoir de commenter, d'enseigner cette spiritualité révélée, mais l'Empereur est détenteur par « droit divin » de toute autorité sur la Terre… [144] La fameuse « Querelle des Investitures » qu'illustra concrètement, pendant deux siècles au moins, l'opposition constante des papes aux souverains qui revendiquaient des droits pour le choix — « l'investiture » — des évêques n'aboutit qu'au Concordat de Worms (1122) simple compromis donnant au pape l'investiture « spirituelle » symbolisée par le don de la crosse et de l'anneau épiscopaux tandis qu'était laissée au souverain l'investiture temporelle, donc administrative et civile, *lui donnant droit au contrôle des élections épiscopales…* Comme on le voit la controverse entre les « deux glaives » occupa pendant des siècles — et encore dans les déchirements de l'anglicanisme, de la Réforme, du gallicanisme, de la « Constitution civile du Clergé » (1790), et finalement à l'aube du XXe siècle (1904-1905) en France dans la séparation de l'Église et de l'État — la politique

---

144. Mourre M., *ibid.*, article « Séparation de l'Église et de l'État ».

des nations d'Occident de l'ancienne chrétienté
pontificale.

L'on aperçoit, par ce rapide aperçu historique, combien la division augustinienne entre
deux irréductibles « cités » n'allait pas cesser d'ali-
menter les « pourquoi » des querelles politiques
de l'Europe occidentale. Mais il faut maintenant
préciser les articulations imaginaires des « comment » qui ont « obsédé » cette différence, sinon
cette contradiction. Elles proviennent toutes d'un
seul livre de la *Bible* : « aucun livre de la Bible
n'a connu une pareille fortune » affirme L. Réau [145]
qui connaît parfaitement ces retombées artis-
tiques d'une telle source d'image. Restreignons
encore et disons que cette Apocalypse attribuée
à Jean l'Évangéliste ne parle — somptueusement,
il est vrai ! — de la Cité de Dieu, la Jérusalem
Céleste que dans ses deux chapitres (21 et 22)
terminaux préparés en amont par le grand chapitre 60 d'*Isaïe* célébrant la gloire de la Cité
Sainte, et mieux par la « compilation » — comme
dit Loisy [146] — de maints passages de la Bible.
Il est bien remarquable que les vingt chapitres
précédents sont situés dans une collection de
combats contre : le Dragon, le Serpent, les deux
Bêtes… dont la pléthore est soulignée constamment par le chiffre 7 qui, nous l'avons vu, est
chiffre de totalité, de grande quantité : sept Églises
d'Asie, sept Sceaux du Destin, sept fléaux, sept
coupes de la colère divine, sept chandeliers, sept
anges, sept trompettes, sept têtes de la Bête…

145. RÉAU L., *op. cit.*, t. II, p. 724.
146. LOISY A., *L'Apocalypse de Jean*, Paris, 1923.

En opposition à ces septuples désastres, les deux derniers chapitres sont sous le signe de la victoire : ce sont eux qui contiennent l'Image de la Cité Sainte. Aussi est-ce le nombre douze qui est privilégié, certes nombre de totalité comme le sept (3+4) mais ici nombre de totalité parfaite, qui peut s'articuler en 3x4, mais aussi en 4x3 : telles les douze tribus d'Israël, tels les signes du zodiaque, tel le zodiaque célestiel des douze apôtres avec leurs quatre angles évangélistes : homme, lion, scorpion, taureau : Matthieu, Marc, Luc et Jean. L'ange arpenteur (ici avec un « roseau ») délimite la Cité Sainte comme un cube, solide à douze arêtes, « longueur, largeur et hauteur étaient égales » (*Ap.* XXI. 16). Les douze soubassements du mur de la ville sont bâtis de douze pierres précieuses et les quatre murs de l'enceinte sont percés chacun de trois portes (4x3) gardées par douze anges « portant gravés les noms des douze tribus d'Israël » (*Apoc.* XXI. 12). Bien entendu les quatre murs sont orientés sur les quatre points cardinaux. Cette plénitude cubique et duodécimale n'est pas sans évoquer, pour l'islamologue lecteur de l'œuvre de Qâzî Sa'îd Qommî, les chiffres et les spéculations relatifs au grand lieu sacré pour l'islam : le Temple de la Ka'ba [147], dans la structure cubique duquel — les huit angles reliant trois faces — résident les « huit supports du Trône » où confluent les fondateurs de la religiosité du Livre : Noé, Abra-

---

147. Voir CORBIN H., *Temple et Contemplation, op. cit.*, pp. 197-283. « La configuration du Temple de la Ka'ba comme secret de la vie spirituelle ».

ham, Moïse et Jésus puis Mohammad, son gendre
Ali et ses petits-fils (les «Imams martyrs» des
shi'ites) Hosayn et Hasan. L'on voit bien par là
comment cette structure cubique et duodécimale
tend à se généraliser chez les «gens du Livre»
(*Âl al Kitâb*) et il est naturel que la Franc-maçonnerie portant l'ample héritage du templarisme
juif et de la prédication chrétienne «apocalyptique», elle-même «apprenant» à tailler la pierre
brute en pierre cubique, adopte la description
de la «Cité Sainte» telle qu'elle apparaît dans
les ultimes grades du R.É.R. et du R.É.A.A.

  C'est ici qu'il faut évoquer — tant avec
Isaïe (LX, 19-20), qu'avec l'Apocalypse de Jean
(XXI. 22-24)- deux des caractères essentiels de
cette Cité tant sanctifiée par les contemplations
numérologiques. Le premier de ces caractères
est l'absence de Temple dans la Cité Sainte :
«Mais je n'y ai pas vu de Temple», constate Jean
le Voyant, et il ajoute immédiatement cette explication : «Car le Seigneur Dieu Dominateur en
est lui-même le Temple ainsi que l'Agneau» et
d'ajouter : «La Ville n'a d'ailleurs besoin ni du
soleil ni de la lune pour l'éclairer car la Gloire
de Dieu l'illumine et sa lampe est l'agneau» [...]
«Il n'y aura plus de ténèbres désormais et l'on
n'aura plus que faire de la lumière d'une lampe
ni de celle du soleil...» (*Ap.* XXII. 5). Lointain
écho de ce que prophétisait Isaïe (LX. 19-20) :
«tu n'auras plus besoin de soleil pour t'éclairer,

• Voir TOURNIAC J., *Melkitsedeq ou la tradition primordiale*, pp. 90, 142, 243, 263.
• Importante bibliographie : Albin Michel, Paris, 1983.

ni de la lune pour t'illuminer car tu auras en permanence le Seigneur pour lumière et ton Dieu pour splendeur… »

Pour la liturgie maçonnique qui a toujours, aux degrés symboliques, fait figurer à son tapis de loge le soleil et la lune, et où le thème de la Lumière s'est matériellement figuré, dès la levée du bandeau du cherchant apprenti, et ensuite par une savante progression des lumières de ses « étoiles », il y a de quoi surprendre de constater que dès qu'apparaît à l'horizon de l'initiation une illumination purement spirituelle, la « Cité Sainte » qu'il a construite — la truelle à une main et l'épée de l'autre — n'a plus besoin des luminaires naturels et cosmiques, pas plus que des lampes du temple ! Mon Maître Henry Corbin [148] a magnifiquement compris et commenté maintes fois combien ces « substitutions » qui suppriment — « renvoient » aux figurations purement symboliques comme le disent les initiations au degré supérieur — la lampe, la lumière du soleil et de la lune, et même… le Temple ! Tout cet ordre naturel, même celui des architectures construites de « mains d'homme », n'est que la « *crypte* du Temple », *la crypte cosmique*. Et même à l'extrême, ce qu'on lit ou récite des prophéties sacrées n'est que toi-même. Mais un Moi qui n'a plus rien du *cogito* et de son *sum* cartésiens, mais un Moi supérieur « c'est le Moi auquel on dit Toi » la pointe extrême où l'*intelligentia*

---

148. CORBIN H., *Temple…*, *op. cit.*, pp. 65, 158, 246, 295, 297 et ss.

agens des philosophies peut se dire *imago agens*, dimension «divine» qui fait être.

À cette surprise s'en ajoute une autre : c'est, dans l'opposition génésique que nous avons si souvent notée dans les symboles et meubles de la loge, de ses «tableaux» et des tapis, soudain — telle chez Dante lorsque au poète qui le guide, se substitue soudain, pour accomplir le pèlerinage, la Femme vénérée, Béatrice — toute la féminité jusqu'ici si discrète en maçonnerie soudain «éclate», «pousse des cris de joie» (Es LIV) dans l'image de la Cité-Sainte. A cette dernière est déclarée «Car ton époux c'est ton créateur, il se nomme le Seigneur des Combats» et ce dernier reprenant le langage du fameux Cantique dit à la Cité Sainte : «comme une femme délaissée et affligée, je te rappelle : une femme épousée dans la jeunesse, la répudie-t-on ?» (Es LIV. 8). Au début de sa vision apocalyptique, Jean lui-même (Ap. XII. 1-6) ne voyait-il pas apparaître la Jérusalem céleste sous le trait d'une «dame» qui, enceinte et sauvée de l'attaque du Dragon «culbuté» par l'archange Michel[149], se voit «enlever au désert sur les deux ailes du Grand Aigle». A cette mère mystérieuse, s'oppose dans le texte de Jean, Babylone puis Rome «la Grande Prostituée», mais c'est cette mère mystérieuse qui est révélée finalement : «la Ville Sainte descendant du ciel auprès de Dieu comme

---

149. Voir DURAND G. et SUN Ch., «Renversement européen du Dragon asiatique» pp. 15-26 dans *Saints et Dragons*. Cahiers Intern. de Symbolisme, n°s 86-87-88, Université de Mons, 1997.

une fiancée parée pour son époux [...]» (Ap. XXI. 2). La féminisation insolite du «Suprême» chez Dante, comme chez Isaïe et le voyant de l'Apocalypse, comme chez Ibn al-Fâriz et... Henry Corbin, n'est-elle pas le signe d'avoir atteint le *tot el* (le «tout autre»), ce Toi qui est la complétude — parce que le complément — du Moi?

Nous sommes dès lors dans la Cité Sainte, grâce à la vision de ces deux caractères paradoxaux de la Cité Sainte : la disparition des «ténèbres» — et des lumières ! — extérieures et le lien d'amour, *eros* et *agapé*, qui unit par la *Mitleid* (la «bienfaisance») l'initié à la Communauté des initiés. Précisons bien ces deux points. Déjà au sein de l'initiation maçonnique [150], dès le passage aux Hauts Grades on a répété à l'initié que ce n'est plus par leçons symboliques («maçonniques»!) que la Vérité allait se dévoiler : «je vis alors un ciel nouveau et une terre nouvelle» constate le visionnaire de l'Apocalypse (Ap. XXI. 1).

Certes une difficulté doit être levée, spécialement par l'initié, à savoir la contradiction — souvent pénible pour certains — entre l'affirmation constitutionnelle comme quoi il est *interdit* en loge d'aborder «des sujets religieux et politiques», et la pratique maçonnique où toutes les significations sont imprégnées de référents juifs et chrétiens et où toute l'ascension par

---

150. *Rituel général du grade de Maître Écossais de St André*, *op. cit.*, IIIᵉ Discours du V. Maître : «Les Symboles cessant, comme on vous l'avait annoncé [...]»

degrés de l'initiation débouche finalement sur une politique transcendante de la Cité Sainte. Disons d'abord que cette «interdiction» n'est pas du tout, tout au contraire, une recommandation de désintéressement pour la spiritualité et la chose politique. La Franc-maçonnerie ne s'est-elle pas souvent proclamée — et très récemment par le Très Illustre Frère Bruno Etienne[151] qui en fait la IVe Religion du Livre ! — déjà avec Lantoine «La Religion» transcendantale par excellence, comme jadis nos ancêtres les Chevaliers Hospitaliers de St Jean de Jérusalem appelèrent fièrement leur spiritualité guerrière et monachiste «La Religion». Mais sans avoir besoin de conciliabules et complots «d'arrières Loges» elle peut s'avouer comme Le Saint Empire — comme le veut le Très Illustre Frère Guillemain[152] ! — Religion et Sainte Cité, mais comme l'avait bien vu Maistre, religiosité si transcendante et politique si éthique, qu'elles en deviennent purs *religiosus* et pur *politicus*. La Franc-maçonnerie, par toutes ses pratiques et sa symbolique refuse la soumission aux incarnations de l'histoire et à la déification de tel ou tel leader ou de tel ou tel parti. Elle vise la «quintessence» du religieux comme du politique. Elle ne doit jamais sacri-

---

151. Voir ÉTIENNE Bruno, *Une Voie pour l'Occident. La Franc-maçonnerie à venir*, Éditions Dervy, Paris, 2000, chap. I «Le champ religieux aujourd'hui», ch. X. «Le Sacerdoce Universel» p. 254 et conclusion «La Franc-maçonnerie : nouveau clerc», voir également du même auteur *Une grenade entrouverte*, Éditions de l'Aube, 1999.

152. GUILLEMAIN B., *Conversations Écossaises*, préface de J. Trescases, Éditions Trédaniel, 1996.

fier au «fait divers», aux circonstances ména-
gères de toutes les Marthe tentatrices! Mais si
elle succombe quelquefois aux tentations bien
profanes, c'est qu'elle ressemble plus dans sa
structure à une église protestante, riche en sectes
diversifiées, qu'à un monocéphalisme pontifical
infaillible. Hélas le «fait divers» médiatisé retient
plus les scandales financiers de telle ou telle loge
italienne, les appoints électoraux à telle ou telle
élection partisane et profane, comme il retient
plus le curé pédophile que la pastorale «bienfaisante» de Mère Térésa… Il faut pour lever
cette double contradiction [153] être délivré des
déviantes tentations et scruter attentivement les
emblèmes et les formules que les grades
suprêmes: «Chevaliers Bienfaisants de la Cité
Sainte» (R.É.R.) et au R.É.A.A. les grades dits
«administratifs» et même répertoriés en «Tribu-
naux» et «Consistoires» des 31e, 32e et enfin 33e
degrés.

Nul mieux que le «Très Illustre frère» —
et mon collègue profane! — Bernard Guillemain
n'a su pénétrer dans ce «conservatoire de mythes»
(J. Trescases) que constitue la Franc-maçonnerie en général et les Hauts Grades (R.É.A.A.
spécialement) en particulier. Et cet inventaire,
ou cet examen, conduit à la constatation, si

---

153. Mais doit-on absolument «lever» toute contradiction inhérente à toute action, à tout «faire» qui se
doit — sous peine d'inefficacité idéaliste! — d'être «systémique»?
• Voir Fontanet J., *La Société et le Vivant. Une nouvelle logique politique*, Éditions Plon, Paris, 1977.

redondante, d'une *Devolutio Imperii* aux structures emblématiques de la Franc-maçonnerie et
spécialement aux «Écossismes». Et le premier et
central emblème qui ouvre les loges des degrés
ultimes n'est autre que «l'aigle à deux têtes» que
nous avons déjà rencontré en Apocalypse. Certes
nous ne chercherons pas de sources mystérieuses
à l'emblématisation de Jean l'Évangéliste par
l'aigle ; répétons simplement que cette attribution est due à une sorte de hasard car l'aigle
(qui remplace angulairement le scorpion —
néfaste — astrologique…) l'oiseau ascendant qui
fixe la Lumière solaire est attribué à l'évangile
qui dès son début (Jn I. 4) fait l'apologie de la
Lumière. Mais dans toutes les cultures : Perse,
Aztèque, Indoue, Israélite (la monture de Vish-
nuu est l'aigle Garuda, et au retour des Croisades Autriche, Bavière, Serbie adoptent l'aigle
iranien, Rome enfin qui signale sa venue à Romu-
lus par un aigle) l'aigle est un emblème très fort
qui réunit en lui la quête de la lumière, la sortie de la création par le haut, le haut vol dominateur, par conséquent la souveraineté. A Rome,
l'aigle romulien, oiseau de Jupiter comme le cor-
beau germano-celtique «est essentiellement le
messager de la volonté d'en haut» [154].

---

154. Abondantes références dans CAZENAVE M., *op.
cit.*, article «aigle».
•Voir FRAZER J.-C., *The Golden Bough*, 12 vol., V^e
p. 153, note, Londres, 1911-1915.

L'aigle à deux têtes.

L'AIGLE À DEUX TÊTES ET L'UNIQUE COURONNE

Déjà l'emblème de l'aigle figure au 4e de la Maçonnerie Écossaise (R.É.A.A.) mais c'est surtout dans les grades ultimes (du 30e au 33e) qu'il prend toute sa signification. Et il faut bien noter qu'il s'agit alors d'un aigle à deux têtes. Selon Frazer ce symbole d'origine Hittite aurait été retrouvé au Moyen Âge par les Turcs Seljoukides qui, à leur tour, le léguèrent aux croisés victorieux, ceux-ci l'introduisirent en Europe et notamment en Autriche, en Serbie et en Russie. Ce redoublement est très important, et Hans Biedermann, d'habitude si scrupuleux, en donne une explication bien plate en ne considérant ce dédoublement céphalique que comme un simple effet d'ornementique «symétrique». En réalité cet aigle bicéphale porte une signification plus profonde, la symétrie de la figure de l'aigle « éployé » suffisant, sans besoin de redoubler la tête, à faire des deux ailes de l'aigle un emblème très symétrique. Le redoublement de la tête n'est tout simplement qu'un superlatif : c'est l'aigle des aigles, l'aigle absolu donc impérial.

Il est très naturel que la Franc-maçonnerie méditant cette bicéphalité de l'aigle impérial ait rapproché cette image symbolique des deux solstices astronomiques de l'année que le calendrier liturgique catholique place sous l'obédience de deux St Jean [155] : Jean-le-Baptiste au solstice de Juin à partir duquel la durée du jour solaire va diminuer, Jean l'Évangéliste au solstice de Décembre, date à laquelle les jours vont commencer à durer plus longtemps. Et bien remarquer, au passage, que la liturgie voulant retrouver dans les quatre évangélistes canoniques les quatre signes zodiacaux angulaires a substitué très justement au scorpion l'aigle comme emblème de Jean le Visionnaire de Patmos. Alors que l'iconographie de Jean-le-Baptiste [156] insiste sur le drame de sa décapitation et représentera le Saint la tête coupée, comme en témoignent ces « plats de St Jean Baptiste » si fréquent dans l'iconographie du saint : « Pour qu'il augmente il faut

---

155. Voir NAUDON P., *Les Loges de St Jean et la philosophie ésotérique de la connaissance*, Éditions Dervy, Paris, 1957.

156. REAU L., *op. cit.*, t. III « Iconographie de Saints ». II. *Jean l'Évangéliste*, pp. 708-719 et *Jean Baptiste* dans V. Les prophètes, pp. 431-469 et Nouveau Testament, p. 298.

que je diminue» fait dire l'autre St Jean au Baptiste dans son Évangile (Jn III. 30). Jean le Précurseur est le seul dont la liturgie chrétienne fête
la nativité, le 24 Juin, alors qu'en général la
« fête » d'un saint est fixée le jour de sa « naissance au ciel», le jour de sa disparition de ce
monde. Les fêtes des deux Saint Jean solsticiels
sont donc des fêtes de la Lumière et sont deve-
nues par cette spécialisation les deux fêtes
majeures de l'Ordre maçonnique : c'est le Prologue de l'Évangile de Jean, chantant la « possi-
bilité » de la venue, de la croissance de la Lumière
ici-bas qui est dans chaque loge le Livre ouvert
de la Loi Sacrée «Lumière sur Lumière» puis-
qu'il constitue, avec l'équerre et le compas l'une
des trois Grandes Lumières. Quant à l'apogée
de la Lumière d'été elle a toujours été célébrée
par les roues enflammées et les «feux de la St
Jean», dont l'inaugural était jadis, allumé en
grande pompe par le Maître de l'Ordre du Temple
lui-même, puis jusqu'à la Révolution à Paris en
place de Grève par le Grand Maître des Hospitaliers, ordre «subrogateur» des biens des infortunés Templiers. Aussi voit-on l'importance pour
les maçons qui se disent «fils de la Lumière» de
ces deux fêtes solsticielles. Toutes les loges,
comme Naudon [157] l'a bien montré, s'intitulent
«loges de St Jean».

    Les deux Saints, comme les deux têtes de
l'aigle, chacun a sa place temporelle dans le calendrier solaire, annonçant la venue de la Lumière

---

157. NAUDON P., *Les Loges de St Jean…*, *op. cit.*

divine, ici-bas, de la *Lumen de Lumine*, cette Lumière superlative qui a toujours été célébrée chez les *Âl al Kitab*, les «gens du Livre»[158] : chez les chrétiens par les célébrations des deux Saints de la Lumière, dont la fête de l'un, l'Évangéliste coïncide presque le 27 Décembre avec la célébration, le 25, de Noël de l'apparition de la Lumière divine dans les ténèbres «qui ne l'ont point reçue ici-bas», et les fêtes de l'autre, le 24 Juin exceptionnellement figure le jour de sa naissance terrestre tant annoncée elle aussi et tant annonçante, en ce monde, célébrée dans l'Église catholique romaine par la Visitation de Marie à sa Cousine Élisabeth «mère de Jean» le 2 juillet dans l'octave du solstice, tandis que la fameuse «décollation» de la fête sainte du Précurseur est fixée le 29 Août...

Aux «deux St Jean» sont dévolus les mêmes pouvoirs que ceux dévolus à l'aigle couronné à deux têtes : l'un sera pour ainsi dire engagé dans une tâche séculière de prédicateur et de baptiste et succombera aux intrigues de la Cour d'Hérode, l'autre — en cela un peu concurrent de Pierre et de son Église — tourné vers les visions de l'âme, enlevé à Patmos pour révéler les fins dernières proclamées par l'Apocalypse. Mais ce dédoublement quasi archétypique (*semper et ubique*...) des qualités et des pouvoirs se manifeste loin de l'Europe chrétienne dans les cultures arabes et musulmanes. Il n'est pas sans

---

158. Voir Davy M. M., Abecassis A., Mokri M., Renetau J. P., *Le Thème de la Lumière dans le Judaïsme, le Christianisme et l'Islam*, Berg Int., Paris, 1976.

importance, comme le montre bien la figure bicéphale représentée sur un tissu sassanide (XIe siècle) que commente et interprète Henry Corbin [159] comme étant le fameux Sîmorgh « Roi des oiseaux » semblable à l'aigle en Occident… qui siège en toute majesté derrière la montage de Qâf qu'a chanté le grand poète persan Farî-Ud-Dîn'Attar. Cet oiseau symbolise « l'accomplis-sement de la Foi, l'illumination sur tous les problèmes de l'existence […] ». Mais ce qui complète notre documentation occidentale sur l'oiseau bicéphale et roi, c'est que dans la symbolique persane et en général musulmane, le Simorg n'est autre que *sî morg* les « trente oiseaux » c'est-à-dire la sodalité des oiseaux (des « huppes ») pèlerins partis à sa recherche, « le Simorg symbolisant la représentation invisible » de la visible pluralité des choses (les *sî morg*, les « trente huppes »).

Cet éclairage oriental ne peut qu'élucider pour notre emblème impérial aquilin le fait que « l'impérialité » où sont réunies les deux têtes *sous une seule couronne* est un symbole très explicite de la nécessaire pluralité — en Occident la biunité du chef spirituel et du chef temporel — sous l'autorité unique de l'impérialité d'une seule couronne. D'ailleurs une nuance accentue bien cette signification d'un pluriel (deux ou… trente) constitutif de l'unité impériale : dans sa repré-

---

159. CORBIN H., *Corps Spirituel et Terre Céleste*, Éditions Buchet-Chastel, 1979, *op. cit.*, p. 27 et « Couverture », « Illustration de la couverture » ; Voir Chebel M., *Dictionnaire des Symboles musulmans*, article « Simourgh », p. 389 », Éditions Albin Michel, Paris, 1995.

sentation slave — c'est-à-dire couverte par le « schisme » oriental produisant des Églises « nationales » autocéphales — l'aigle bicéphale est coiffé (comme sur le blason de la Russie) d'une couronne « unique ». Par contre dans l'Europe occidentale et catholique obsédée par deux pouvoirs, le pontifical et l'impérial, chaque tête de l'aigle bicéphale porte sa propre couronne. Cette nuance dans la représentation bicéphale répercute en symboles les différences politico-religieuses qui se sont établies entre l'Europe occidentale, continentale et majoritairement catholique, et l'Orient européen, très slavisé et majoritairement orthodoxe et autocéphale. De ce côté — comme d'ailleurs outre-Manche anglicane — c'est la même couronne qui coiffe ses deux becs, de l'autre c'est la sempiternelle division du sacerdoce et de l'empire...

Cette institution de la « couronne à deux têtes » est très sensible dans l'organisation paradigmatique de la Franc-maçonnerie suédoise [160]. Dès le décès du Grand Maître de la S.O.T. (Baron de Hund, 1774) une sorte de « coup d'état » spirituel autant que politique est tenté par Charles de Sundermanie, le futur Charles XIII de Suède pour unifier la S.O.T. avec le Rit suédois maçonnique et en devenir le maître. Puis, se désintéressant de l'avenir de la S.O.T. le 5 Mars 1780, Charles devenu Grand Maître de la

---

160. Le FORESTIER R., *op. cit.*, Livre I. chap. VIII « Charles de Sudermanie et Ferdinand de Brunswick », pp. 242- 275. Voir Ligou D., *op. cit.*, p. 252 article « Suède ».

VIIe Province Templière, «se faisait décerner *avec l'accord du clergé luthérien* (nous qui soulignons), le titre de *Vicarius Salomonis* qui devait désormais accompagner les destinées maçonniques des Souverains suédois». Le roi, en sa qualité de *Vicarius* devenait ainsi chef actif — et héréditaire — de l'Ordre en 1790. Ainsi les «deux glaives» étaient réunis sous une seule couronne et reconnus par la Constitution de 1800.

Cette unification «impériale» gagna bien vite tout le terrain luthérien de l'Europe : la Norvège, le Danemark. C'est le «vicaire» suédois Oscar Hier (fils de Bernadotte…) qui emmena à l'Ordre le Prince de Galles, futur roi du Royaume Uni d'Angleterre et d'Écosse. D'ailleurs la Maçonnerie anglaise et religieusement anglicane, comporte en son sein de nombreux membres du Clergé de l'Église d'Angleterre et «se désintéresse des condamnations pontificales» (sic), d'autre part dès la fin du XVIIIe siècle (1790) les «Princes de Galles» et les Altesses royales furent tous «membres des Grandes Loges (G.L. des «Modernes», G.L. des «Anciens», G.L. Unie d'Angleterre) : 1813 S.A.R. le Duc de Kent, 1874 S.A.R. le Prince de Galles, 1969 S.A.R. le Duc de Kent…

Aux USA, malgré bien des péripéties historiques dues tant à la Guerre d'Indépendance (la tendance indépendantiste étant soutenue par le si populaire et célèbre maçon français, le Marquis de La Fayette (de la loge «St Jean d'Écosse du Contrat Social» (*sic* !) la loge même où avait été initié Alexandre, François, Auguste Comte de Grasse de Rouville, marquis de Tilly, fondateur du Suprême Conseil de France du R.É.A.A. (1804) et fondateur du Suprême Conseil des USA) qu'à l'horrible guerre civile dite de « Sécession », la Maçonnerie est une puissance d'État « on sait — lit-on dans Ligou — que « la Maçonnerie a connu aux USA une plus grande floraison que dans aucun pays du monde... [161] » « dans la deuxième moitié du XXᵉ siècle la Maçonnerie américaine compte dans ses 12 à 14 000 loges et ses 50 Grandes Loges environ quatre millions de membres ». Ajoutons que l'aigle à deux têtes y fut souvent sous l'unique couronne impériale de treize Présidents maçons des USA : avec en premier George Washington, bien sûr, initié à la « Lodge of Fredericksburg » en 1752, avec Franklin Delano Roosevelt, le vainqueur de la IIème Guerre Mondiale (1945), 32ᵉ du R.É.A.A. (1911) initié à la « Holland Lodge n° 8 » (1911), en passant par son père Théodore Roosevelt (membre de la « Matinecock Lodge n° 806 ») par le Président des USA Warren Harding, membre à vie de l'« Albert Pike Lodge » à l'orient de Washington, par Andrex Jackson, Grand Maître de la Grande Loge du Tennessee (1829), Harry Truman enfin initié en 1909 à la « Lodge Belton » n° 450, 33ᵉ, élu Grand Maître en 1940 de la Grande Loge du Missouri.

C'est dire pour finir cette longue énumération de quelque grands peuples qui surent garder sous la même couronne les becs de l'aigle à deux têtes, et réunir ainsi les pouvoirs tempo-

---

161. LIGOU D., *Dictionnaire...*, *op. cit.*, article « États-Unis », pp. 467-472.

rels aux autorités spirituelles et religieuses, et évitèrent bien des conflits sanglants, permanents et désastreux comme le furent ceux qui obsédèrent l'Europe Occidentale déchirée dès la succession othonienne de l'Empire de Charlemagne [162] et de la papauté de Jean XII. Ne nous y trompons pas : le conflit entre le pape Grégoire VII et les empereurs saliens et Hohenstauffen ont la même figure et les mêmes sources que ceux qui dressèrent Clément II (1738) puis Benoît XIV (1751) contre les loges, et qui dressèrent à la fin du siècle dernier l'Église de Pie X et de Benoît XV contre l'État des « frères » Jules Ferry (initié seulement en 1875 à la Loge « Clémente amitié »), Émile — Justin — Louis Combes (initié en 1869 à la Loge « Tolérance et Etoile de Saintonge » à l'Orient de Pons) et Pierre Maurice Rouvier (initié à la Loge « La Réforme » à l'Orient de Marseille).

LE SAINT EMPIRE

Après nous être assez longuement appesanti sur les « pourquoi » de l'opposition séculaire de l'Église de Rome et des États catholiques, il nous faut revenir aux « comment » des éléments mythogéniques qui rangent, de façon sinon explicite du moins très marquée, la Franc-maçonnerie dans l'idéologie et la politique d'une Cité Sainte universelle donc d'un Saint Empire. Dans l'initiation au fameux 30ᵉ l'on souligne au Che-

---

162. MOURRE M., *op. cit.*, article « Saint Empire Romain-Germanique », pp. 4007-4013.

valier Kadosch ce caractère d'universalité [163] : « ce n'est pas tant de notre ordre que vous devenez le défenseur, mais de ce que notre Ordre représente et de ce qu'il sert. A travers lui vous êtes le soldat de l'*Universel* et de l'*Éternel* ». Les Hauts Grades, 5e et 6e au R.É.R. (Écuyer novice et Chevalier Bienfaisant de la Cité Sainte) et aux grades « administratifs » (31e, 32e et 33e) du R.É.A.A., sont les plus chargés de symboles éclairants tant par leurs tableaux et décorations que par les maximes et devises formulées la plupart du temps en latin. Le symbolisme du R.É.A.A. nous parait souvent plus complet que celui du R.É.R. plus bref dans ses manifestations : il n'a que sept grades contre… trente-trois ! [164]. Par exemple si les décorations du grade suprême, Chevalier Bienfaisant de la Cité Sainte du R.É.R. et 33e Souverain Grand Inspecteur Général du R.É.A.A., sont à peu près semblables (draperies et grandes croix templières rouges, tableau de l'Ordre templier — les deux cavaliers — chandelier à neuf branches, présence au Midi du tableau du Pélican, au Nord de celui du Phénix, etc.) manque au R.É.R. une décoration essentielle : le tableau de l'aigle, « L'aigle bicéphale noir, les ailes déployées, tenant une épée nue dans ses serres » au mur d'Orient [165], juste au-

---

163. NAUDON P., *Histoire et Rituels…*, *op. cit.*, Annexe IV « Rituel de Chevalier Kadosch », pp. 256-268.

164. « Rituel du Chapitre des C.B.C.S. », *op. cit.*, Bibliothèque de la Ville de Lyon.

165. GUILLEMAIN B., *Conversations…*, *op. cit.*, chap. IV, parag. « Deus meumque Jus », pp. 109-117.

dessus du Maître de loge, avec la maxime latine *Deus meumque Jus*. Or il saute aux yeux que c'est la même maxime, traduite en français par les successeurs de Guillaume-Le-Conquérant (1028-1087) Duc de Normandie : « Dieu et mon droit ».

Comme le remarque Guillemain cette différence d'expression, l'une latine l'autre française est pour le moins curieuse. Selon nous cette différence est d'ordre philologique : la conjonction « et » française se trouve en latin traduite par deux conjonctions « et » et « que » de désinence. Le « et » comme en français est simplement additif, mais le « que » égalise pour ainsi dire les deux termes qu'il relie. C'est celui du fameux « filioque » qui égalise dans la procession du St Esprit, le rôle du fils à celui du père : fils et père sont égaux dans le déterminisme du St Esprit. On peut traduire cette égalisation « Le St Esprit *est* du fils *comme* du père ». La même singularité de la conjonction latine désinencielle « que » qu'adopte le grade suprême du R.É.A.A. signifie bien plus que la banale formulation franco-anglaise : *Deus meumque Jus* signifie qu'avec Dieu, *est* ma rectitude. Ce « que » indique que le « moi est passible de Dieu ».

Et Guillemain [166], confortant son analyse de cette devise d'Empire, se réfère avec justesse au *Monarchia* de Dante où est mis en évidence, dans le sillage d'un certain averroisme, qu'il n'y a qu'une seule « vérité » *possible* en l'homme mais *actuelle* en Dieu. Disons en perspective maçon-

---

166. GUILLEMAIN B., *ibid.*, pp. 109-111. Voir BENOIST A., *de L'Empire intérieur*, Éditions Fata Morgana, 1996.

nique que c'est la *même* géométrie (la fameuse
lettre G révélée au sein du pentagramme chiffre
et figure de l'homme) qui recèle la Vérité en
l'homme comme chez le Grand Architecte de
l'Univers. Dans *Monarchia* l'exercice de l'intellect
possible «n'est pas présenté comme une exclusi-
vité de la divinité»: cet intellect s'il est actuel en
Dieu est *possible* en l'homme. Pur rêve irréalisé
par l'individu, il est espérance possible pour la
sodalité des cherchants. La Cité comme l'Empire
sont «Saints» parce qu'ils possèdent ce pouvoir
d'accéder à la Vérité, à «l'intellection». Dieu est
en acte la «justesse» de l'intellection rendue possible par la communauté des hommes. Maistre [167]
approfondira cette notion de «réversibilité», de
«comm-union» des actes humains, des mérites et
des peines. Le pouvoir «impérial» émane — la
conjonction latine «que»! — immédiatement de
Dieu. La maxime *Deus meumque Jus* désigne donc,
et exprime, le «droit divin» qu'est l'Empire. Et
le *Monarchia* n'a nulle peine à glaner en chemin
de cette *devolutio imperii* sa réalisation augustéenne
— l'on sait qu'Auguste, comme Énée en quête
de l'Empire romulien fut l'instaurateur de ce bien-
heureux état où: «le genre humain a pu vivre
heureux dans la sérénité d'une paix universelle» [168].

---

167. Voir chez Maistre les notions de «réversibilité
des peines» et de «communion des Saints».
Voir DURAND G., *Un Comte sous l'Acacia*, *op. cit.*,
pp. 49-52.
168. THOMAS J., *Les Structures de l'Imaginaire dans
l'Enéide*, Éditions Les Belles Lettres, Paris, 1981.
• Voir le si convergent article avec notre présente
méthode: «L'imaginaire gréco-latin et la science contem-

Et Dante ajoute — est-ce un clin d'œil? — une allusion à la liturgie templière dont le Psaume 132[169] fondateur de la sodalité templière «qu'il *est bon*, qu'il est doux pour des frères de vivre ensemble [...]» Et c'est par le fonctionnement d'une collectivité impériale que l'intellect possible peut s'actualiser.

Certes toute la longue initiation — les 33 échelons du R.É.A.A. ou les 95 du R.M.M.! — approfondit et parfait l'adoubement initial de l'apprenti qui en fait un «frère» revendiquant légitimement la devise suprême *Deus meumque Jus*, mais la suprématie du dernier échelon — le 33e pour le R.É.A.A., le «Souverain Grand Inspecteur Général, Protecteur et Conservateur de l'Ordre» — se voit conférer «la plénitude de la puissance suprême et conservatrice». Mais cette «puissance suprême» sorte d'intellect «pratique» de l'Intellect possible, ne peut s'actualiser qu'au sein d'une juridiction et d'une communauté de pairs. Le «pouvoir politique» dans une telle perspective ne peut se déclarer que dans le consentement *unanime* d'un «Suprême Conseil». Au 32e et avant dernier degré, la loge représente un «camp» militaire, armée en ordre de bataille autour du Souverain Grand Commandeur et de

---

poraine : la pensée du complexe» dans *Euphrosyne* XXV, Lisbonne,1997.

169. Ce psaume fameux : «Oh! qu'il est bon, qu'il est doux pour les frères d'habiter ensemble [...]» appartenait — et appartient encore! — à la Liturgie de l'Ordre du Temple et de l'Ordre des Hospitaliers de St Jean de Jérusalem.

• Voir Dante, *Monarchia*, *op. cit.*, XIV, pp. 2 et 5.

son Suprême Conseil, brandissant la devise du Royal Secret *Salix, Noni, Tengu* que l'on peut décrypter *Lux inens agit nos*, «la lumière qui est en nous nous guide» auquel fait écho, et terminant la «tenue», le cri de Jacques de Molay, expirant comme le phénix dans les flammes, *Spes mea in deo est*! La Cité bien loin d'être une «monarchie» est donc un Empire, une seule couronne certes mais sur deux têtes et leurs deux becs, un seul vol porté par deux ailes, une seule épée mais tenue par deux serres…

CHAPITRE VI

Ouverture

> – *Le Vénérable Maître : «Frère 1ᵉʳ*
> Surveillant, quelle heure est-il enfin ? »
> – 2ᵉ Surveillant : « Il est midi plein ».
> – 1ᵉʳ Surveillant : « Il est midi plein
> Vénérable Maître ».
> – Le Vénérable Maître : « Il est donc
> temps de se mettre au travail » !
>
> *Rituel du grade d'Apprenti* par le Rit
> Écossais Rectifié. Rédigé au Convent
> Général de la Franc-maçonnerie
> Rectifiée en l'an 5782.
>
> *Salix Noni Tengu*
> Phrase mystérieuse signifiant le Royal
> Secret au 33ᵉ degré du Rit Écossais
> Ancien et Accepté.

Au terme d'une enquête, d'une recherche, c'est toujours une rencontre (un carrefour) qui se manifeste entre une méthode (chemin, voyages...) et un objet *trouvé* qui n'est jamais *donné* puisque dans la loi française un tel objet ne peut être approprié qu'au bout d'un an et un jour ! Toute méthode ne s'accomplit que par ce qu'elle «trouve», et réciproquement ce qu'elle «trouve» n'apparaît que par ce qu'instrumente et «fait» la méthode. C'est bien là la grande leçon du *Nouvel Esprit Scientifique* si heisenbergien, c'est-à-dire (fondamentale «incertitude»!) jamais fixé par un objet extérieur et indépendant à la démarche du chercheur (du «cherchant»?). D'où des notions jusqu'ici inouïes telle celle d'«implication» (D. Bohm) qui se libère du «pourquoi?» des «explications», telle celle de «symétrie temporelle» (O. Costa de Beauregard, Alain Aspect) et non plus de «conséquent» «après» ni d'«antécédent» «avant» dissymétriques, telle celle de «non séparabilité» spatiale (B. d'Espagnat), donc l'abandon d'un «état civil» (R. Thom) *séparant* les êtres et les choses par des coordonnées localisatrices remplacées dès lors par l'ubiquité des connotations (la «compréhension» logique) : le «prédicat» n'est plus dans le «sujet» (*praedicatum non est in subjecto*, et peut-on dire, avec un léger solécisme : *subjectum inest praedicato*!). Et pour clore disons que la notion d'identité bien loin de se construire en une dia-lectique usant du principe socratique d'exclusion, se constitue par une «dialogique» où le «même» ne s'affirme que par les délimitations systémiques de «l'autre».

La vérité que permet une telle méthode ne se découvre plus menottée par le Tiers-Exclu, par la toute puissance du *propter hoc*, ficelée par une définition univoque (du type : «homme bipède sans plumes»!). Il n'est plus possible d'affirmer orgueilleusement et péremptoirement l'assise de l'être dans un *cogito ergo sum* unidimensionnel : toute pensée ne peut être que le «fait» (le «faire»!) «de quelque chose».

C'est que le savoir aujourd'hui ne peut qu'être le résultat «compréhensif» d'une pensée qui cherche, engagée qu'elle est dans des «réceptions» (H.R. Jauss) [170] socioculturelles séculaires (le «profil épistémolo-gique» tant cher à Bachelard!) d'une «réalité» qu'elle «trouve». Ou, pour dire plus précis, la pensée «savante» est *intellectus* qui n'existe que par ce qu'*elle* quête, et réciproquement une quête (une «recherche» comme on dit avec une pudique coquetterie au CNRS, ou une «enquête» comme on dit à la P.J.) qui ne se modèle que par les qualités de sa «trouvaille».

C'est de cette innocence post-moderniste que sont issues les pistes de réflexion de ce très modeste travail où l'éditeur exigeait 120 à 150 pages de… 1500 signes! Il ne peut donc s'agir d'une «fermeture» exhaustive et définitive, mais bien d'une «ouverture» à d'innombrables travaux sur l'énorme minière mythologique que fournit, d'ores et déjà, la maçonnologie et qui permet de compléter les pistes rapidement indiquées ici. Et je dois répéter que je n'ai fait qu'un modeste travail de scribe au côté des Très Illustres Docteurs de la Loi et des Vénérables Pères du Temple! Mais toute recherche demeure toujours dépendante du «fait» qu'elle trouve. Et le «fait» maçonnique ne pouvait qu'épouser la méthode de sa quête. Le résultat singulier et complexe qu'on y découvre ne pouvait que confirmer la justesse du chemin (des routes de «voyages»!) parcouru.

---

170. JAUSS H.R., *L'Ésthétique de la réception*, trad. franç. Préface de J. Starobinsky, Éditions Gallimard, Paris, 1979.

Et d'abord et en premier, comme Frère Jean éditant les règles de Thélème, il faut répudier le temps unidimensionnel, si pluralisé et relativisé depuis Einstein, et briser les horloges. L'initiation proclame d'abord avec Gurnemanz : « ici mon fils, le temps devient espace » ! Bergson l'avait déjà bien pressenti, après Paracelse et Ronsard découvrant que la rose n'a pas la même durée que l'âne ou le chien. Toute liturgie — y compris la maçonnique — introduit la notion d'*épaisseurs* différentes des durées que signalent les redondances des vigiles, des octaves, des « occurrences » et des « concurrences », des « rits » doubles, semi-doubles et « simples », les degrés de solennité, les célébrations de première classe ou de deuxième classe, etc. Le temps des liturgies et des rituels est donc infiniment modulable [171]. La durée n'a pas ici ou là la même « épaisseur ». La Franc-maçonnerie partage cette expérience du temps avec les Églises : pour elle comme pour ces dernières, par exemple les deux St Jean occupent un temps privilégié par rapport à celui d'autres saints du calendrier : le Baptiste a une durée enrichie d'une vigile (23 Juin), de deux festivités (le 24 Juin et le 29 Août) célébrant deux naissances : l'une ici-bas, l'autre à l'Éternité ; l'Évangéliste voit sa fête du 27 Décembre prolongée par une Octave le 3 Janvier et nimbée par la Noël, et il est encore honoré le 6 Mai, anniversaire du « miracle éclatant » de la Porte-latine à Rome.

---

171. ÉTIENNE B., *Une Voie pour l'Occident, op. cit.*, chap. IX consacré au temps « profane et religieux ».

Mais cette durée nouvelle, libérée des pen-
dules et des dissymétries temporelles, se trans-
mue en un espace de «non-séparabilité»
totalement *inversé* par rapport aux mensurations
banales de l'étendue quotidienne. Toutes les initiations se font dans un tel espace «sacré», «lieu
du miroir»[172], «ciel nouveau et terre nouvelle
puisque le premier ciel et la première terre s'en
sont allés» (Ap. XXI. 1) emportant avec eux les
lumières impotentes des lampes, de la lune et
du soleil même (Ap. XXII. 5).

Armé d'un temps et d'un espace nouveaux
et «tout autre», l'intellect (la pensée) maçonnique
et son langage suivent en toute circonstance un
«discours» mythique[173]. C'est-à-dire une procédure où la vérité passe par les figures de la redondance : immense redondance d'emblèmes, de
gestes, de décors, de cierges («étoiles»), de pas,
de degrés et de «batteries». D'où son refus caté-
gorique des cheminements unidimensionnels de
«preuves» par simple «explication» causale ou par
naïf recours à l'antécédence. Le langage maçonnique n'est ni «démonstratif», ni historien. Il répète
pour convaincre. Le Temple qu'il vénère et reconstruit sempiternellement est à jamais ruiné par
Titus et ses légions — répétant les destructions
de Nabuchodonosor comme les reconstructions
de Zorababel — son paradigme n'est pas un Jésus

---

172. Voir LIMA de FREITAS J., *515, le lieu du miroir,
art et numérologie*, préface G. Durand, Éditions Albin
Michel, Paris, 1993.

173. Cf. GUILLEMAIN B., *op. cit.*, chap. V «Mythes,
rits, symboles».

«né sous Tibère César», crucifié sous Hérode, mais ce triple ou quadruple Hiram si timidement historique ; sa chevalerie justicière est celle d'un ordre militaire et religieux détruit au XIIIᵉ siècle par la complicité du Sacerdoce et de l'Empire un instant réconciliés dans la rapine d'un crime crapuleux, bien plus : les infortunés Templiers étaient peut-être coupables — tout au moins, selon Darras «d'étaler une scandaleuse magnificence» — nécessitant alors une suprême redondance en Écosse avec les «Fils de la Vallée». Enfin la Cité Sainte que l'on atteint après tant de «voyages» et tant de degrés : 7 ici, 33 là, 95 encore ailleurs, n'est pas sur nos cartes de géographie : elle est ce pays de pure Lumière, sans temple, sans lampe, sans soleil et sans lune. Ce parcours initiatique s'interdit ingénument — comme un *infans* qui ne «sait qu'épeler» — de bavarder de religion ou de politique en ses réunions («tenues») parce que comme jadis ses ancêtres Hospitaliers elle s'éprouve comme La Religion (le *religiosus* cher à mon ami Julien Ries[174], cette «religion dont conviennent tous les hommes» (*That Religion in which all men agree*) que prêchait dans les *Constitutions* (1723) le Pasteur presbytérien : Révérend Jame Anderson ; mais aussi découvrant dans les emblèmes et les devises de ses grades suprêmes La suprême politique d'un «Saint Empire». Et le *religiosus* comme le *politicus* ne s'éprouvent qu'en échappant à l'entropie d'un temps dissymétrique :

---

174. RIES J., direction «*Traité d'anthropologie du Sacré*» chap. de G. Durand : «L'homme religieux et ses symboles», Jaca Book édit., Milano, 1994.

jam (déjà) passé au *nondum* (pas encore) à venir. Ils n'existent qu'au temps des palingénesies (*palin* : «ce qui se répète»). Leur authenticité, leur «régularité» ne s'affirme que dans la redondance «mythique» des symboles et des rites.

Mais réciproquement cette «réalité» maçonnique si complexe, en bonne logique d'un «Nouvel Esprit Scientifique» confirme par ses procédures la connaissance de notre Temps présent, de notre «vivace et bel» aujourd'hui émergeant des cataclysmes d'une mondiale et épouvantable apocalypse. Ce message de l'aujourd'hui étant témoignage des symétries — premier modèle «en miroir» — de «ce qui dure». Le paradigme de connaissance — de «forme» de savoir, qu'elle découvre — n'est jamais le solipsisme d'un «je pense» éprouvé devant le poêle des «quartiers d'hiver». Elle est le «nous» unanime d'une sodalité implicante où le «moi» de chacun «prête attention» au «toi» de l'autre. Cette ouverture à l'altérité, cette fameuse «tolérance» pacifiante est éprouvée par plus d'un «frère» étonné. Elle est nommée un peu mystérieusement «égrégore» (du grec *egregoroi* : les «veilleurs»), cet état «d'éveil» qui ne peut se révéler que du «travail» des «veilleurs» qui s'émerveillent.

> *Wachet aùf, ruft uns die Stimme*
> *Der Wächter sehr auf der Zinne*
> *Wach auf, du stadt Jerusalem!*[175]

Le 30 Novembre 2001
Fête de la Saint André

---

175. BACH J. S., *Cantate*, B.W.H. 140, dite des «Veilleurs».

LÉGENDES DES FIGURES

I : page 27 : *Temple de Jérusalem, Aggadah de Pâques,* Amsterdam, eau-forte par Matthew Merian, 1695.

II : pages 43-44-45 : *Tapis de loges des trois premiers degrés dits «symboliques» de l'Ordre maçonnique : Apprenti, Compagnon, Maître.* On remarquera que les deux premiers – Apprenti et Compagnon – sont consacrés à la construction du Temple, avec ses outils et ses symboles. Le tapis du Grade de Maître, si macabre, change du tout au tout : ici, c'est la légende biblique d'Hiram – le maître d'œuvre assassiné – qui est le support du psychodrame maçonnique.

III : page 53 : *Le Temple détruit.* Tableau rituélique de réception au IVe Grade du R.É.R.
« Nabucodonosor, Roi d'Assyrie, croyant ne satisfaire que son ambition et sa cupidité, devint le Ministre secret de la Justice Divine, irritée contre une nation ingrate et pervertie. Il donna l'ordre à ses généraux d'assiéger Jérusalem et son temple. La ville fut prise et saccagée ; le Temple fut détruit. »
Ier discours du Député Maître pour expliquer au candidat le tableau du IVe Grade.
(Arrêté au Convent Général à Wilhemsbad, l'an 1782).

IV : *page 112 : Meliora Praesumo.* Lion jouant dans un abri avec des outils maçonniques.

V : page 143 : *Aigle à deux têtes et une seule couronne.* Blason «hospitalier» du Tsar Paul Ier, protecteur de l'Ordre des Chevaliers Hospitaliers.

Table des matières

CHAPITRE I • DE LA MÉTHODE 5
  Épistémologie du non 5
  Un fait humain 8
  Utilité relative de l'histoire et de l'érudition
  encyclopédique 11
  La complexité maçonnique 17
  Mythe et mythodologie 18

CHAPITRE II • LE MYTHE DU TEMPLE : RUINES
  ET RECONSTRUCTIONs 25
  Temple et Basilique............................ 25
  Du bois à la pierre 30
  Vertus et styles de la pierre................. 34
  Symbolisme génésique des deux colonnes 39
  Les ruines du Temple 52
  Loin du profane 58
  Le langage des nombres 63

CHAPITRE III • LA LÉGENDE D'HIRAM ET SON
  MYTHOLOGÈME 75
  Le Mythologème du Phénix 75
  Hiram 82
  Les ornements funèbres......................... 84
  Les raisons d'une substitution 88
  Saint André d'Écosse........................... 94
  Which all men agree... 96

CHAPITRE IV • LE MYTHE DU SOUCHAGE
CHEVALERESQUE ET TEMPLIER 101
La vengeance 101
Les Templiers calomniés 104
L'épée 108
Meliora praesumo 110
Les «Fils de la Vallée» 114

CHAPITRE V • LE MYTHE DE LA CITÉ SAINTE ET`
LE SAINT EMPIRE 121
Les grades de Souveraineté 121
Égalité et hiérarchie 126
L'Ordre Saint de la Cité 129
L'aigle bicéphale et l'unique couronne 143
Le Saint empire 151

CHAPITRE VI • OUVERTURE 157